Levitación

Seix Barral Biblioteca Breve

Fernando Arrabal
Levitación

Novela mística

Diseño colección:
Josep Bagà Associats

Primera edición: marzo 2000

© 2000, Fernando Arrabal

Derechos exclusivos de edición
en castellano reservados
para todo el mundo:
© 2000: Editorial Seix Barral, S. A.
Provenza, 260 - 08008 Barcelona

ISBN: 84-322-1061-7
Depósito legal: B. 9.877 - 2000
Impreso en España

Si la parálisis no atrofiara mi voz (¡y mi cuerpo!) me indignaría.

«¡Apaguen de una vez la televisión! El Señor ha creado el miembro viril para orinar y no para mancillar una boca! Y aún menos para meterlo entre los labios de una criatura destinada a alzarse a la dignidad de madre.»

Dos adolescentes ¡tan puras! contemplando inocentemente el espectáculo degradante de esta... ¡*movie!* Presentada nada menos que en ¡*world premiere!*, y por si fuera poco anunciándola como... «*based on a true story*». ¡Menuda historia auténtica y menuda película! La rutina ha aniquilado lo que les quedaba de cautela. Ni se dan cuenta de lo que miran estas dos... casi niñas.

Virginia sonríe ¡con tanto pudor! Ni ella ni su hermana Sofía pueden imaginar que las veo. Me consideran como «una "legumbre" que sobrevive tan sólo vegetativamente». Como si yo mismo fuera un pepino, o un *cucumber* de la *General Foods*.

Desde que sucedió el accidente, no lo puedo negar, mis músculos están agarrotados por la parálisis... pero siento el frío y el calor. Y las oigo y las veo.

Y para mi desgracia también oigo y veo el infame programa de televisión ¡*The wonderful world!*..., ese sapo en el fondo de la ciénaga.

* * *

Estamos al borde del *end of the world,* ¡del «fin del mundo»!, de ese apocalipsis cibernético que tanto me angustia y que anuncia ya incluso *internet...*

Nunca hubo tanta inmoralidad. Ni tantos desalmados. Ni tanta impiedad. En cuanto comience el cataclismo final todos los malnacidos y los malhechores se unirán. La policía (y especialmente la de Nueva York y Los Ángeles) se pasará al enemigo con un dedo en los labios. *¡Salute life heroes!,* se atreve a proclamar una de sus repugnantes publicidades. Nos perseguirán a nosotros, las últimas personas rectas que quedan, pero sobre todo acosarán a los españoles de orden como yo. Vilipendiando todo lo que es sagrado. Porque ignoran que el último criterio de la moralidad (y lo que le da su consistencia) es su esencia divina.

«Los pisaré con mi ira y los hollaré con mi furor... y su sangre salpicará mis vestidos y manchará toda mi ropa. En mi corazón surge la venganza.»

No debo dejarme arrebatar por el enfado. Ni por el apasionamiento. Debería comportarme como ellas. Son ¡tan abnegadas y caritativas! Aunque en ocasiones no acierte a comprender sus originales métodos terapéuticos.

Virginia, a mis pies, me administra un masaje para desentumecer mis muslos. Mientras tanto, Sofía me hace «tragar», con infinito mimo, la «cena»: ¿un *yoghourt* de *melatonina* y *ginkgo*? Ha colocado dos almohadones en el respaldo del butacón. Me ha recostado la cabeza sobre uno de ellos. Me entreabre un ápice la boca para dejar pasar los alimentos líquidos. Para permitirme que los ingurgite. Lentísimamente. Como requiere mi situación. El líquido llega a mi estómago gracias a las fricciones que me da en la boca y el cuello. Con sus habilísimas manos.

¡Qué suerte la mía! Dos jóvenes se ocupan de mí con tanto sacrificio como amor al prójimo. No puedo negarlo, sólo gracias a ellas mi «accidente»... hasta me parece más llevadero.

Pero cómo me gustaría poder decirles:

«Por favor... vístanse. Dios las ha colmado, a las dos, de una belleza incomparable pero al mismo tiempo turbadora. Si alguien las viera... Hay tanto mirón depravado suelto. Y ¡con prismáticos!»

Pero me responderían, estoy convencido, como la cosa más normal:

«Nunca, en Nueva York, hizo semejante bochorno en el mes de agosto. Sólo bebemos *crystal light* y ¡con hielo! Nadie nos puede ver. Las persianas de todas las ventanas están echadas. Pero este inmenso *loft* es demasiado grande y está en un piso altísimo, por ello el calor se almacena como en un horno. Desnúdese usted también.»

Incluso serían capaces de tutearme: «desnúdate», me dirían campechanas. No tienen la culpa. Han recibido una parodia de educación en *high schools* de «abuelo-páseme-usted-el-río», donde alumnos y profesores se tutean desde el primer minuto y se besan en las mejillas para saludarse como las *new pop divas*. Con escándalo de aquellos que amándose verdaderamente hubieran deseado hacerlo.

Sus maestros carecen de la más mínima noción de moral. Y ni siquiera han creado un término equivalente al de virtud.

Gracias a las fricciones de Sofía, cada vez más compasiva, sigo «ingurgitando» el líquido. Mis brazos desplomados me parecen ajenos a mi propio cuerpo.

Las inyecciones comienzan a amodorrarme. Igual que todas las noches. Como si me drogaran... ¡Sí! ¡Son drogas... peores que el *pert plus*!

Mecánicamente en duermevela, sigo «cenando». Sofía me «emboca» los líquidos. Chorrito a chorrito. Gota a gota. Me limpia la comisura de los labios. Al comienzo lo hizo con una servilleta de encaje. Ahora con su propia lengua.

Mi boca arde.

¿Tengo fiebre?

Con los ojos casi cerrados, Sofía pulsa, con la yema de sus dedos, levísimamente mis mandíbulas, mi cuello.

Abre los ojos y me mira. ¡Tan cerca de mí! Veo que me considera. Trata de percibir los signos de que recibo y transmito las ofrendas que me prodiga. Me mira... ¿como la chica de la publicidad? *¡Until I find a Real Man!* ¡Sí, soy su hombre auténtico!

Virginia arrodillada entre mis piernas...

¿Qué hace?

¿Qué hurga?

Es... la abogada más dócil de mis apetitos más rastreros. La intermediaria de mis exigencias más ruines. La mediadora de mi frenesí más vil. La confidente de mis deseos más secretos y que rechazo con toda mi alma.

Acariciándome con sus labios, para calmar mis dolores, ¿es capaz de interpretar mis malos pensamientos?

¡Cómo me avergüenzo de mí mismo! Pero sabré resistir.

Quisiera como Noé: «hacerlo todo conforme a lo que Dios ordenó».

¡Y tener otra vida en mi vida!

¡Que el Señor me ampare!

* * *

Me despierto con la horrorosa sensación de haber tenido una polución nocturna. Temo que las hermanas se den cuenta cuando me laven con esa pastilla de jabón *dove* que utilizan (¡«*Softens*» *as it cleans!*). Pero son dos adolescentes... ¡tan cándidas! Incluso si toparan con la viscosa (¡y tan repulsiva!) mancha sobre mi vientre no sabrían a lo que corresponde.

Tengo la sensación también de haber hablado durante la noche. Yo, que no puedo articular una sola palabra. Como si hubiera tratado de explicar detalladamente el programa de entrada al ordenador. ¡En alta voz! Contando todo lo que es *top secret* en el Departamento de Investigación.

¡Qué sueño tan extraño!

* * *

Las inyecciones me producen efectos sorprendentes. Como si me llenaran el cuerpo de *home fragances* de *renuzit*... y peor aun que de «fragancias de hogar»: me llenan de ¡efluvios de pecado! La parálisis, como siempre, me entumece sin pausa, impidiéndome efectuar cualquier movimiento. Mis sen-

saciones se encienden imprevisiblemente. Especialmente se enardece la sensibilidad de mi piel. Mi
cuerpo está hirviendo. Sometiéndome a toda clase
de tentaciones pecaminosas. Se abrasa en ocasiones
a causa de los cuidados. Si quiero un día andar
como los demás, tengo que soportar este tratamiento... ¡satánico! ¡Con paciencia de Job!

Una vez curado repetiré como él:

«Tú me lo quitaste, Tú me lo diste, bendito sea
tu santo nombre.»

* * *

Llevo una hora oyendo a los mari... (no quiero
decir palabrotas ¡ni en pensamiento!)... oyendo a
los sodomitas del *loft* de al lado. Como si estuvieran
refocilándose delante de mis narices. ¡Qué cochinos
y qué hediondos! ¡Que Dios les perdone!

Sofía, tan incauta, le dice a Virginia:

«Cómo se distraen... *¡in style!* ¡Qué alegría tienen! Da gusto oírles.»

¡Llamar a esa depravación «estilo»...! ¡Decir que
«da gusto oírles»!... lo que le dan a un hombre ho-
nesto son ganas de romperles la crisma. Menos mal
que sé reprimirme. Incluso rezo a Dios por ellos.
Para que un día se salven.

En ciertos países a esa clase de individuos los
encierran en campos de concentración. Con toda la
razón del mundo. Así la gente no los lincha.

13

Virginia es tan cándida como su hermana:

«Les gusta, como a mí, oír con amigos música de hoy, como la de *Whitney Houston* con *Bobby Brown*.»

¡Menuda música! La sinfonía infernal que interpretan debería estar prohibida y castigada por la ley. Aplicando el Código Penal de antes, cuando aún se respetaba la moral. Con mano dura. Y eso lo piensa una persona tan clemente como yo.

Sofía, que no ve malicia en nada, comenta:

«Al alto yo creo que no le gustan nada las chicas, ni siquiera *Mariah*... ni *Jewel* ni *Madonna*.»

Y Virginia:

«Nació así.»

¡Pues que se les castre para que no corrompan a los mejores! Pero sin ensañarse con ellos. Cortando por lo sano por el bien de todos y sobre todo por el de ellos mismos. Un buen cirujano y un buen tajo. Sin crueldades innecesarias. Con la anestesia más moderna.

Sofía siempre tan benevolente con estos pecadores:

«Hay que ver cómo se quieren. Están viviendo una luna de miel como *Celine* con *Angelil*.»

De hiel y de podredumbre. Por lo visto no han observado nunca dos enchufes de la electricidad. Unos la reciben y otros la dan. Dos del mismo signo no funcionan. Dos hombres juntos no hacen un hijo.

Me acaloro demasiado pensando en esa pareja de... especiales. Es la última vez que pierdo los nervios. ¡Que Dios les juzgue con su infinita mansedumbre y justicia!

«Aullad porque el día del Señor va a llegar. Seréis alanceados y despeñados. Se estremecerán los Cielos y la Tierra. En vuestros castillos gritarán las hienas y en vuestros palacios los chacales.»

* * *

Virginia me lava los pies. Sofía prepara las inyecciones con diversas gotas de colores diferentes.

Cómo me ha decepcionado mi época. ¡Siento una desesperación tan honda! Se ha perdido incluso la moralidad instintiva que conocieron los pueblos más salvajes o primitivos. Moral derivada del origen divino de todos los humanos.

Hoy la finalidad de nuestra sociedad es la de gozar inmediatamente cueste lo que cueste. Incluso de la primavera ¡en invierno!: *bring the spring indoors.*

Todo me ha desengañado. ¡Qué desilusión! El silencio crece en mi alma y me anega con su pausa de olvido. ¿Qué pecados he cometido para que Dios me haya hecho nacer aquí y ahora? ¡Vivo absorto, hundido en el desencanto!

Sofía me administra un masaje en la nuca. Al mismo tiempo, Virginia se sirve de sus propia melena para lavar mis piernas desnudas.

¿Pero qué hacen?...

¡Por favor!...

¿Lo ha ordenado el médico?

Lo cierto es que con estos masajes matinales comenzaré, un día, a recuperar el funcionamiento normal de mi cuerpo... Hoy está atrofiado... pero ¡se ha vuelto tan sensible!

Virginia, sin darse cuenta, empapa mis muslos con su baba y saliva. Y con su cabellera...

Sofía me pone otra inyección. Con líquido verde. El que me provoca las visiones más viciosas. (Pienso en esa horrible publicidad para un *toyota*: *now you can sleep at night.* Yo también quisiera dormir... pero sin tentaciones.)

¡Que Dios me auxilie!

Ahora Sofía renueva el masaje de la nuca. Quisiera tranquilizarme y recibir estos cuidados médicos como si yo sólo fuera un robot sin nervios y sin tentaciones.

Virginia se apoya en mi ombligo. Siento su frente sobre él y sus manos sobándome. Cuánto me gustaría apartarla y poder hablar para explicarle cómo esta terapéutica excita mis sentidos. Trato de rezar.

«¡Oh!, Señor, fortaleza de mi salud, protégeme contra los que maquinan males en su corazón. Examíname, Dios mío, y reconoce mis buenas intenciones. Guíame por el camino eterno.»

Siento y oigo lo que sucede en torno mío. Pero

no puedo verlo a pesar de tener, como siempre, los ojos abiertos. La saliva de Virginia se derrama sobre mi vientre.

Las dos hermanas emiten sonidos indefinibles.

¿Están rezando?, ¿sollozan?, ¿relinchan suavemente?

Más bien parece que se ríen.

Un desmayo abrasador me entumece.

«Y llamó Dios a la luz día y a las tinieblas noche...»

¡No puedo ni rezar!

* * *

Sofía me desnuda completamente. Se atreve a reír y a decir *challenge the limits...* ¡Samsung! ¿De qué «desafío» habla?, ¿a qué límites se refiere?, ¿«*samsung*» es otra novedad «tecnológica»?

Cómo me humilla depender de ellas para mi aseo. Lo que más me mortifica es el no poder limpiar mis intimidades. Mis vergüenzas. Como se decía, con razón, antes de que el más escandaloso exhibicionismo fuera celebrado por esta sociedad gangrenada por la inmoralidad. La moralidad relaciona el acto humano con el amor divino.

Desnudo me depositan sobre la cama. Por efecto de las inyecciones todo excita mi sensibilidad. Mi piel reacciona como si cada trocito de mi carne sólo acatara las órdenes obscenas del diablo. La perceptibilidad de mi oído, de mi tacto, de mi vista y de mi olfato, avivados por la efervescencia, se acrecienta a pesar (¿o a causa?) de la forzosa inmovilidad de mi cuerpo.

Pero al mismo tiempo también se incrementa mi lucidez. Y presiento lo que terminará por imponerse.

Atravesamos la peor decadencia. El desorden, el caos y la anarquía se extienden por doquier. Vivo junto al *loft* de una pareja de mari... de invertidos que han perdido toda noción de ética. Esta clase de sujeto ha terminado por destruir su propia identidad. Y sin el recurso de la fe.

Estoy seguro: estos dos insensatos (¡que Dios les perdone!) no sabrían expresar con palabras ninguna de las manifestaciones del mérito humano. Como virtud, virginidad, castidad, caridad... Ni tampoco saben, estoy convencido, que Dios dijo:

«Hagamos al hombre a nuestra imagen y semejanza. Para que reine sobre los peces de la mar, las aves de los cielos, y todos los animales que se mueven sobre la tierra.

Y Dios los crió varón y... ¡hembra!»

* * *

A Sofía no le repugna todo lo maloliente, sucio e inmundo que produce mi cuerpo. Me asea como si explorara zanjas, cavernas, grutas nauseabundas para destapar una misteriosa fuente de energía. Como si quisiera animar y mejorar mi asqueroso cuerpo y mi alma: *brighten your skin and your spirit*.

En cuanto me cure tengo que huir. No caeré en la tentación. Mientras tanto pido a Dios, humildemente, que me ayude.

«Amo a Dios sobre todas las cosas, pues ha oído mi voz y mis súplicas. Los ídolos de plata y oro son obras del hombre. Tienen bocas mas no hablan, oídos pero no oyen.»

Oliendo a culpas siento mi cuerpo inmovilizado como un castigo de esta época atea. Vivimos un porvenir sin futuro. Todo propende a destruir la armonía moral o a relajarla con la mentira, la traición y la corrupción.

Recluido en mi humilde cascarón ¡cómo me acosan las más obscenas delicias!

El tratamiento médico se diría que lo ha ideado el diablo para tentarme: Virginia por delante (encima de mí) ¿siente mi fiebre? Engulle con su boca mi... cosa... ¡mi miembro viril! ¿Bucea dentro de mí? ¿Atisba mi irreprimible inclinación al mal? Toma el fuego en sus manos y entre sus labios. Y soy yo el que se abrasa.

Mientras tanto Sofía, por detrás, me asea. Con su lengua. No se da cuenta de que, para curarme, toca con ella un punto que me trastorna de gusto y remordimiento.

¡Pobre de mí!

«¡Oh!, Señor, Tú que te acordaste de Noé y de todos los animales del arca... no te olvides...»

* * *

Es medianoche. Me despierto. Duermo intermitentemente, como si el diablo entrecortara mis sueños. *Second night free*, anuncia *Holiday Inn*. Yo no quiero «la segunda noche» de los hoteles famosos, sino cualquier «noche» «libre»... de pesadillas. La cura y las inyecciones me están trastornando.

Me entran ganas de correr (¡a mí que estoy paralizado!) obsesionado por el deseo de regenerarme.

No consigo descifrar lo que dice Sofía por teléfono. Habla, como de costumbre, en estos casos, en una lengua extranjera.

Repite mi nombre varias veces. ¿Por qué? ¿Me parece oír de nuevo «top secret»? ¿Se dice de la misma manera en su lengua?

* * *

Me despierto de nuevo. Una vez más las dos hermanas asaltan la nevera... y la taza del váter. Por todas partes han abierto latas de comida grasienta. De *chicken quesadillas*, de *fiesta rice*, de *cheddar cheese*, de *chunky salsa*. Como si repitieran el eslogan de las conservas *Campbell's*: *good for the body; good for the soul*. Y yo digo lo contrario: lo que es bueno para el cuerpo ¡no lo es para el alma!

Las veo perfectamente a pesar de que mi cama inclinada está a cerca de veinte metros.

Como dos enternecedores animales depredadores, otra noche más viven su aventura gastronómica. El hambre las devorará brutalmente.

Comen y expulsan.

Con qué dextridad se meten los dedos en la garganta y vomitan lo que acaban de ingerir.

Son adorables: se entregan al vicio de la gula ¡inconscientes! Sus espíritus se entenebrecen. Corrompen sus pensamientos altruistas. Durante el perverso banquete se insensibilizan al bien y al mal moral.

Engullen ateniéndose a normas extravagantes. Prefieren lo basto, lo ingrato, lo detestable. Implacablemente. *¡It's cuisine!* ¡No!, el *new shrimp and angel pasta with grilled red peppers...* ¡no!, «no es la cocina».

En vez de comer un filete con colmenillas y bejín redondo acaban de devorar restos de macarrones acartonados. Rociados con salsa mayonesa. Mayonesa de tubo enorme. Nunca había visto uno tan grande. Y todo ello recién salido de la nevera. Echando vaho.

La transgresión de las normas culinarias es el presupuesto de estas tragantonas. En vez de sentir hambre de comida ¿les devora el apetito de maceración? Sólo les interesa lo infame.

No saben que las miro ¡con tanto cariño! Se dan (inconscientes) en espectáculo. De aflicción.

Lo frío les hechiza. Yo diría que lo veneran como ciertos niños a los polos. Lamen, chupan, mascan patatas fritas congeladas como si fueran mantecados helados.

La sopa congelada con picatostes no la toman con cucharas. Utilizan martillos. Desmenuzan rocas de sopa. Embriagadas ¿por el desconsuelo?

Virginia llora a lágrima viva con la boca llena. Comiendo al mismo tiempo una gigantesca barra de chocolate. Como si esta golosina pudiera resolver sus problemas sentimentales. El *dark chocolate* seguramente es para ella una anfetamina, una pipa de opio, la puerta del olvido.

Su más íntimo yo se acostumbra a bogar turbulentamente fuera de la tutela de la voluntad.

Ahora beben a morro, dos tubos de leche condensada. Se zampan el bote de nata con cucharas soperas. Sacan la botella de zumo de fruta del congelador convertida en carámbano. Con tijeras la despojan de su pellejo de plástico. Chupan y roen el bloque de zumo helado. Lo perfuman con sebo derretido. Lo espolvorean con queso rallado. *¡Behold the power of cheese!*, canturrean.

El festín continúa sin más interrupción que las vomitonas.

Devoran varios pisos de rodajas de salchichón, paletadas de ensaimadas envueltas en nata, patatas cocidas con su piel, higos con su pellejo, huevos duros con su cáscara, gambas enteras. Engullen, también, arenques con *cool mint*, yogures con salchichones, callos con batidos de fresa y *strawberry swirl pudding*.

Despunta el alba y siguen comiendo con las manos embadurnadas de salsas. Las utilizan como cazos o como palas. A tientas vagabundean en el morro de la desesperación.

Son las víctimas inocentes de la diosa pagana de esta sociedad materialista y sin moral. Se les ha aparecido en lo alto del congelador: una cochina rolliza y blasfema rodeada de diablos lechones disfrazados de ángeles. La puerca cebada de este mundo degradado entre las tinieblas y el infierno.

Dos jóvenes ¡tan caritativas! Dos adolescentes ¡tan bonitas!, ¡tan puras!, ¡tan frágiles!, ¡tan delgaditas!... víctimas del mundo degradado en el que vivimos. *Introducing the deliciously rich taste of gelatin snack.* No pueden resistir la tentación del «sabor delicioso» ¡de la gelatina en barra!... Ellas que con tanta devoción y renuncia me cuidan.

Se diría que, inconscientes, blasfeman invirtiendo la maldición divina.

«El Señor le dijo a Adán: "Comerás con el sudor de tu frente. Ya no podrás alimentarte con el árbol del bien y del mal."»

* * *

23

Esta mañana las dos hermanas se mueven en torno mío, primorosas. Lavadas y deliciosamente perfumadas con esos frasquitos *«Boudoir»* de *Vivienne Westwood*. ¿Quién, viéndolas así, con el cuerpo tan grácil que Dios les ha dado, podría imaginar la orgía culinaria que vivieron anoche?

Virginia dice a su hermana:

«¡Qué calor! Abro las ventanas de par en par. A ver si viene un poquitín de corriente. Además, como no sea un helicóptero de *Giuliani* ¡el alcalde pudibundo!, ¿quién puede vernos?»

Otra vez las dos... ¡desnudas! Cómo me gustaría obligarlas a vestirse. Con esos trajecitos tan monos y tan decentes que se compraron ayer en *Banana Republic*. Cualquiera que no sepa lo virtuosas que son, ¿qué pensaría viendo a dos adolescentes completamente... «en cueros» y encima de un varón como yo?

¡Qué deshonra y qué humillación!

La degradación generalizada ha contaminado incluso a estas dos adolescentes tan inocentes. No saben que se peca exhibiendo el cuerpo a la lascivia de los mirones.

Ligerísimas, como un corcho gambeteando sobre las olas, se diría que aspiran a confundirse con la ambigüedad ambiente.

Deberían saber que la civilización requiere criterios morales para clasificar las acciones que la constituyen. ¡Criterios de esencia divina!

Hace un siglo se levantaron estatuas al diablo. Por ejemplo aquí en *Central Park*, en el parisiense *Parc de Montsouris* e incluso (¿quién podría imaginarlo?) en una plazoleta de mi madrileño Retiro. Hoy ya no es necesario, los diablos han destruido los criterios morales y... ¡nos dirigen! Y nos espían. Y nos gobiernan. Y nos lavan el cerebro con sus universidades, *colleges*, *high schools*, libros, periódicos, canales digitales, satélites y películas como esas en que Madonna, o Sharon Stone se exhiben en posturas viles e... ¡imperdonables!

Y, sin embargo, ellas dos, como doncellas de otra época, ¡con qué piedad me aplican los cuidados! Todo lo que ha recetado el médico.

¡Como Dios manda!

*   *   *

Me han recostado en el butacón. Virginia se prepara para afeitarme. Ya ha colocado todos los utensilios (de *Macy's*) en una mesita con ruedas (¡de *Canal Street*!).

Sofía, de rodillas entre mis piernas, parece que va a cortarme las uñas de los pies.

Virginia se sienta sobre mi vientre, enlazándome delicadamente con sus muslos por delante y con sus pies por detrás. Para poder afeitarme sin miedo a hacerme un corte con la *Gillette* de tres cuchillas.

Pero ¿qué hace?

¿Y su hermana?

Son dos ángeles. No me merezco dos enfermeras tan profesionales.

Pero...

Virginia, subida a caballo sobre mí, casi toca mi
nariz con la suya. Me da un lento masaje detrás de
las orejas. ¡Cómo tiene que repugnarle hacer lo que
a mí tanto me reconforta!

Ellas son la excepción de este mundo ruin. Se
dice que estamos viviendo una crisis cuando en realidad estamos atravesando la peor de las decaden-
cias. Es el mundo de los *Terminator* y los *sex-shops*.

Hasta los pueblos más primitivos sabían que el
desgraciado debe alegrarse de la felicidad ajena. De
forma que a pesar de no conocer la moralidad prac-
ticaban el altruismo y el desinterés.

A veces envidio la felicidad de las fieras.

Virginia ya no utiliza la espuma de la *«bomba
Mennen»*, ahora acondiciona mi cara con su lengua.
¿Para afeitarme mejor? Es un método que no conocía. Mientras que con sus manos me acaricia la
nuca. Al mismo tiempo, Sofía me lame entre los dedos de los pies y me frota los tobillos con mimo.

Se debería tomar ejemplo de estas adolescentes
tan magnánimas. Pero este mundo corrupto cami-
na por otro sendero. El del Mal. Cuando acabe con
lo poco que queda de ética se hundirán la voluntad
y la decisión. Quedaremos ellas y yo como supervi-
vientes, solos frente a la barbarie.

Filmados por las cámaras de *NBC, ABC y CBS*, y envalentonados por todos los revanchistas e inmorales del planeta, vendrán a ocupar nuestras mansiones los vagos y los resentidos. Los más degenerados nos violarán en cualquier estación del *subway*. Que el Señor nos dé fuerzas para soportar el martirio.

Virginia me acondiciona el cutis con un largo masaje. Me fricciona con tanta aplicación y mimo que instintivamente me pongo a rezar.

Trato de concentrarme.

Toma, entre sus dedos, mis labios. Los comprime. A punto de hacerme daño y, sin embargo, misteriosamente, en vez de dolor siento un cierto gusto.

Repito el comienzo de la oración varias veces sin conseguir pensar en lo que recito.

«Señor...»

Saca mi lengua. La estruja con energía pero delicadamente. En vez de pensar en la bondad del Señor, todos mis sentidos se concentran en mi boca y en los dedos de ella. En sus gestos.

Acaricia mis ojos insistentemente. ¿Para permitirme emerger del accidente?

Mientras tanto Sofía me prepara para cortarme las uñas. Toma uno a uno los dedos de mi pie derecho en su boca. Los lame y humidifica con mimo. Con sus manos no cesa de dar un masaje al mismo tiempo a mi pie derecho.

Virginia, ahora con su lengua, me limpia las cejas. Y las pestañas. Sin importarle las legañas que se me han formado durante la noche. La punta de su lengua teclea en mis ojos.

Ya no puedo ni pensar en rezar: me dejo caer en el colchón cochambroso de mis deseos y pecados.

Estoy como emborrachado... por las inyecciones de... ¿*the Bombay Sapphire?*

Empiezo a perder el control de mí mismo. Siento sensaciones que nunca había experimentado.

Soy incapaz de rezar.

La tentación...

«La serpiente era el más astuto de los animales que el Señor había creado en el Paraíso...»

* * *

Acabo de despertarme. Veo el loft como en una fotografía tomada con un objetivo «ojo de pez». Es tan grande este ático que comprendo a Trotsky cuando utilizaba bicicletas para recorrer los largos pasillos de los palacios de San Petersburgo.

Virginia y Sofía hablan con un desconocido vestido a lo *Park Avenue*. Le llaman *Doctor Bleecker* ¿Es el médico? Los tres se sientan en torno a la mesa junto a la última ventana.

Tengo la desagradable impresión de que tratan de agotar la ponzoña para extraer la quintaesencia.

Sobre la mesa hay un montón de cajitas de medicinas. El *Doctor Bleecker* deposita otras. Explica y comenta cada una de ellas. Sofía toma nota en un cuaderno de *Hunter College*. Desgraciadamente hablan una lengua que no entiendo.

Cuando parecía que el *doctor* se disponía a irse los tres se acercan a mí. Sofía pasa la mano por delante de mis ojos. La mueve como si esperara una reacción mía. Que no llega, claro está. Deben imaginar que sigo inconsciente.

Sofía me pone una inyección intravenosa.

Siento un gran calor y una reacción de euforia. Peor aún que cuando, pensando que era un café, tomé un *irish coffee*.

Me veo a mí mismo caminando, y mis dos yo se miran fijamente.

Virginia retira la sábana que me cubre.

Qué vergüenza me da aparecer completamente desnudo ante el doctor en presencia de las enfermeras. Cómo me gustaría poder mover la lengua y articular unas palabras para expresar mi repulsa.

El *Doctor Bleecker* ha dicho algo enérgicamente. Es una orden, no cabe duda.

Virginia toma entre sus labios mi miembro viril. Mientras Sofía introduce su lengua en mi boca.

¡Dios mío no me dejes caer en la tentación!

«La mano del Señor no es tan corta que no pueda salvarme, ni su oído tan duro que no pueda oírme.»

Estoy abrumado.

¡Qué calor!

Siento una gran agitación.

Pero...

¿qué clase de análisis de saliva y de semen...?

La tentación me devora. No voy a poder dominar mi cuerpo. Qué miserable soy.

Mientras las dos hermanas continúan los actos médicos arriba y abajo, el doctor coloca un plano frente a mis ojos. Es una copia llena de errores de lo que estamos creando en el Departamento de Investigación.

Voy a perder el sentido. El fuego me devora. Temo dejarme arrastrar por el vicio más animal.

Estoy a punto de desmayarme. El pecado me quema el alma.

¡Dios mío, protégeme como a Jonás durante los tres días y tres noches que permaneció en las entrañas de la ballena!

«Aquel que se fía de mí recibirá la montaña sagrada.»

* * *

Me despierto sudando. He tenido un sueño plagado de sucias alucinaciones libertinas.

Pero también, como en otras ocasiones, ha vuelto la misma pesadilla: trato de reconstruir, de forma obsesiva, el laberinto de entrada al ordenador del programa secreto. El del Departamento de Investigación.

La impureza de mi sueño carnal ha mermado mi capacidad de concentración, mi entendimiento. La inteligencia brota de la moral. Únicamente puede ser inteligente el bueno. El malo sólo puede ser cuco. Incapaz de comprender sólo sabe manipular. Baja a las alcantarillas del espíritu, allá donde ni siquiera llega la noche.

Vivimos en una sociedad inmoral, depravada. Todos los actos suceden regidos por los instintos. Dejando de lado la norma preceptiva inmediata que es la conciencia, y la remota que es la ley divina.

El mundo de hoy perecerá entre tics modernistas, *gadgets* convulsivos y *scoops* de *CNN*.

«Y el Señor se revestirá con la Venganza como si fuera una túnica y se cubrirá con la Justicia como si fuera un manto. A cada uno le hará pagar lo que debe. Y veremos durante el crepúsculo el nombre de Dios, y durante la aurora su Gloria.»

* * *

Virginia me pone unos cables en la cabeza. Trata de saber, seguramente, si mi cerebro reacciona a la lectura.

Sofía me lee con devoción una novela rosa de la colección *Loveliness*. Corona su deletreo con la sinceridad. Como si cada palabra y cada frase la viviese como suya. ¡Soy tan sensible a su fervor de lectora!

¿Qué revelan los electrodos sobre mi cerebro?

Virginia me acaricia para desentumecer mis miembros. Masaje y lectura se asocian para llevarme a otro mundo ¡tan espiritual y tan ardiente!

Acojo la lectura de Sofía como invocación y canto. Cada frase susurrada lentamente al oído me procura deleites precisos.

La presencia indisociable de los dos elementos, masaje terapéutico y lectura, transforma las dos ofrendas. Al unirse no forman una tercera, suma de las dos, sino algo diferente y superior.

Estoy tan embriagado por el deleite que no oigo la lectura en sí. Pero el hecho de saber que Sofía está moviendo los labios y los ojos junto a mi oído me transporta.

Las sensaciones que me despiertan las manos y la lengua de Virginia multiplican el deleite que me ofrece Sofía con la lectura.

Me pregunto si las manos y la saliva de Virginia son... paisaje, y la voz de Sofía... el éter de la atmósfera.

Sofía lee cada vez más despacito, como desmenuzándome el placer. Ambos gestos, lectura y caricias, reúnen los elementos constitutivos de la ofrenda: intención, devoción y veracidad.

Me temo... que voy a poner punto final... a la recepción... me estoy quedando...

traspuesto...

... me caigo de sueño.

*   *   *

Me despierto sobresaltado. Lo que he visto y oído ¿es una pesadilla o la realidad?

No puedo dudar de que he oído (¿o he soñado que oía?) la conversación entre Sofía y los dos mari... invertidos-profundos del *loft* contiguo. Las hermanas han anunciado que se van a ausentar para asistir a no sé qué partidos de *base-ball* en *San Diego*. ¡Les han pedido a los nada-hombres que se encarguen de mí!

Me ha sobrecogido oír cómo esa pareja de pornógrafos (que Dios les perdone) me tachan de «*yuppie de Wall Street*»... ¡a mis cuarenta y un años!, ¡y español!

Por primera vez en mi vida me siento como un alma errante.

Pero ¿por qué Sofía llamó a su propia hermana «amiga»?

¿Cómo es posible que dos seres tan caritativos como ellas no se hayan dado cuenta de la clase de monstruos que forman esa pareja de sodomitas? ¡Y sodomita activo uno de ellos, como ciertos degenerados de *Christopher street*!

Tiemblo de desesperación y de impotencia imaginando las nefandas y lujuriosas vejaciones a que me sometería esa pareja obscena... ¡si pudiera! Serían muy capaces de sobar y penetrar descaradamente mi pobre cuerpo ofrecido e incapaz de defenderse.

«Y el Señor hizo que lloviera sobre Sodoma y Gomorra azufre y fuego.»

* * *

El ruido del montacargas me asusta.

Aguzo el oído para saber si ya están los dos pederastas asaltando mi puerta. Compruebo que aún no ha llegado la hora de mi inmolación.

Cómo comprendo (¡y lamento egoístamente!) que Virginia y Sofía, tan bondadosas, no soporten este mundo corrupto. Y que lo abandonen. Con el pretexto de ir a ver un partido de *base-ball* en California. Asqueadas por todo lo que ven en cuanto dan un paso por la calle... Han decidido entrar en un lugar de retiro. ¡No iban a decírselo a esta pareja de cínicos!

Aspiran a una época imaginaria surgida de las aguas originales de la existencia.

¡Cuántas veces, antes del accidente, tuve que cerrar los ojos al atravesar *Central Park* o incluso *East River Park*! Escandalizado por espectáculos peores que los de Sodoma y Gomorra.

De nada sirvieron las cartas que tantas veces escribí a personas tan influyentes como *Reagan* o *Clinton*. Todos (policía y jueces muy especialmente) están confabulados para promover estas exhibiciones degradantes que la inmoralidad a rienda suelta ofrece al ciudadano de bien. Y que el gobierno recompensa otorgando a los peores degenerados los trofeos del impudor. Cuando en verdad no hay nada tan hermoso como el hombre de pro que cumple con su deber.

«El Señor distribuye sus bienes entre los justos. Nunca el espectro impío caerá sobre ellos.»

* * *

Agobiadas por el ambiente, Virginia y Sofía temen perder sus raíces y desintegrarse en la procacidad. Huyen, y con razón. Cortan con la tierra que las ha visto nacer porque a sus ojos se transforma en ogro de impureza y lascivia.

¡Cómo siento no haberme despedido de ellas! Y agradecerles de todo corazón sus cuidados y su devoción.

«Aquel que se comporta caritativamente con el desvalido se transforma en la imagen del Señor. Todo en él rezuma Amor.»

Las hermanitas ¿se van a una isla desierta? Para tapiarse... y renacer. Como aquellas elegidas de la Edad Media («las tapiadas») que se «enmuraban en vida» sin más contacto con la humanidad que un boquete por el que sólo podía pasar un vaso de agua y un mendrugo de pan.

El aire contaminado de Nueva York asfixia las esencias más puras de esta pareja de adolescentes.

Se escapan porque lo visible nace de lo que no tiene forma y lo invisible del terror. Las amenazas parecen más horrorosas que sus ejecuciones.

De haber seguido en este mundo de perdición tendrían que renunciar a la espontaneidad: a su herencia.

El tiempo, colmado de sí mismo, se transforma en fábula. En Virginia y Sofía el Señor muestra su magnanimidad.

Buscan a Dios.

Me recuerdan a Sara:

«Dios me ha hecho reír y cualquiera que lo oyera se reirá conmigo.»

*　*　*

En el inmenso *loft* vacío el televisor permanece encendido. Es el único vestigio que las hermanas han dejado. Como un testamento.

Es un *Panasonic* plantado en la desolación. Un fantasma metalizado con un mensaje eternamente monótono. Un sonido sordo e invariable.

En la pantalla se distingue una eterna nevada sin gloria. Sin copos, sin tierra ni cielo. Nevada fuera del tiempo y del espacio. Blanda precipitación sin día ni noche, sin colores y sin inspiración.

El cuadrilátero luminoso transmite la catalepsia. Muestra al fin que la variedad de programas, la profusión de canales y satélites, sólo era ilusión. Aparece definitivamente como una víscera que ya nunca más podrá contraerse.

El televisor nunca ha sido corazón. Ni sede de función moral o inteligente. Y, sin embargo, reina. Como el soberano de la contemplación, de la inacción. Se le venera en *Upper East Side* o en el *Soundview* del *Bronx* como el centro de un imperio que irradia pasiones, codicias e influencias. Su existencia coincide con la del mundo de la inmoralidad: es su razón de ser.

El aparato del *loft* se ha convertido en un motor desanimado, sin silencio ni reposo. Ronronea como la disonancia, la inconsciencia y la inarmonía, sin fin.

Pinta en su pantalla el polvo palpitante que nada deja ver. Un testimonio sonoro y luminoso del vacío. Una reliquia del infinito bombardeo de la nada.

Un día, delante del televisor, abrirán los ojos todos los seres humanos, como Adán y Eva lo hicieran en el Paraíso.

«Y conocieron que estaban desnudos... espiritualmente...»

* * *

Los dos lúbricos homosexuales se están preparando para acosarme, asaltarme y violarme. Estoy seguro de que Sofía les ha entregado ya las llaves. Les imagino penetrándome con sus miembros (¡de mulos!) sin respetar ninguno de mis orificios.

Si no estuviera paralizado por el accidente cogería un *winchester* y les repelería a tiros. El tiranicidio está tolerado por la Moral ¿y por qué no también la defensa del honor?

Esta pareja morbosa y lasciva transgrede todas las reglas de la ética. Ignoran que si se rompen los tabúes cada vez se irá más lejos. Es la escalada del pecado. Las barreras morales han sido levantadas para limitar los excesos.

Aquellos que utilizan sus bocas y sus miembros, sus cuerpos y sus orificios para deshonrarlos voluptuosamente ya no se detienen en su carrera hacia el Mal. Como *Manson*. El hombre que profana a una mujer con sus apetitos desenfrenados, una vez saciado buscará otros envilecimientos. Caerá rápidamente en la homosexualidad: ¡que es un vicio contranatura! Y luego en la pedofilia, violando a niños y niñas indefensos. Y luego en la necrofilia. Y por fin en el sadismo y la criminalidad...

Estos pecadores no tienen conciencia. No les atormenta cometer un acto inmoral. Carecen de sentimientos éticos. Como lo demuestra la total ausencia de remordimientos.

La decadencia figura escrita en la naturaleza de los llamados triunfos de esta sociedad bestial: los viajes a la Luna y los últimos modelos de *Cadillac*. Cuando abramos los ojos nos veremos invadidos por las hordas. Como la Roma del Bajo Imperio. Los invertidos, como estos vecinos, impondrán de nuevo los juegos del estadio ¡con crímenes! Los atletas se matarán unos a otros por el placer de los espectadores. Y los más modernos practicarán el canibalismo en público. Lo anuncian ya hoy la pederastia, el incesto y el sado-masoquismo generalizado. El universo se asfixia con sus llamadas élites en su seno.

«El Señor quemó Sodoma y Gomorra con todos sus moradores... Y el humo subía de la tierra como el humo de un horno.»

Qué ganas me entran de vomitar.

*   *   *

Estoy aún casi dormido.

Tengo la horrorosa sensación de que uno de los dos nefandarios me hurga con su lengua. Dentro de mi propia boca. Si dispusiera de la capacidad de masticar le cortaría la lengua de un mordisco.

El otro put... pederasta me está magr... sobando ¡el miembro! Para colmo, éste se niega (¡mi propia carne!) a seguir en posición de reposo.

En verdad todo esto lo imagino... Pero la realidad será infinitamente peor. ¿De qué no serán capaces este par de putos?... (que el Señor me perdone por esta palabra tan grosera).

An extraordinary good offer: eso proclaman sus necias publicidades, cuando lo único «extraordinario» y «bueno» no es ni *Newsweek*, ni un *quartz watch* sino la palabra de Dios o el mensaje de sus profetas.

¿Cómo es posible que en la misma ciudad, Nueva York, y sólo con un tabique de por medio, existan dos parejas tan diferentes? Ellos, los invertidos, tan inhumanos e impuros, y ellas, las hermanas, tan puras y virginales.

Las civilizaciones se mueren tras la agonía de la decadencia. La nuestra está en sus últimos estertores. Se han abolido los preceptos éticos. La noción del bien y del mal ha desaparecido. Ha sido sustituida por preceptos emanados de la voluntad de gozar.

*   *   *

Me voy despabilando poco a poco.

Pero ¿qué sucede?

Distingo con enorme dificultad... que... junto a mi cama...

¡no están ellos!...

¡los sodomitas!

¡Son ellas!

¡Qué alivio y qué felicidad!

No es aún *the end of the world*. Ese apocalipsis que tanto me angustia y que anuncian ya los fanáticos del ordenador... ¡No es para esta tarde!

Mis ojos recuperan el don de ver. Ahora ya completamente.

Son Virginia y Sofía... me están curando y aseando. ¡Aleluya!

Siento una felicidad tan profunda. Gracias, Señor, por proporcionarme esta dicha espiritual.

No se han ido ellas dos como había imaginado. Aquí están como siempre, fieles y caritativas.

Sofía, inclinada sobre mi vientre desnudo, me lava. Es tan abnegada que tengo la impresión de que lo hace con su propia saliva. Sin importarle el estado repugnante en que (a pesar de mis esfuerzos para doblegar su rigidez) se halla mi órgano masculino. Actúa como Catalina de Siena con los leprosos.

Mientras tanto Virginia me limpia los dientes y la boca. Sin necesidad de ninguno de esos productos de *glowtion* con vitamina «*E*», «*filtro UV*» y el «*nutritivo complejo de B5*». Con tanto mimo y cuidado que introduce su lengua en mi propia boca para quitarme las impurezas que se me quedan entre las muelas.

Con estos cuidados mi boca está en ascuas como mi vientre. Las dos hermanas obran con el mismo sentido del deber médico. Y con los ojos abiertos.

Lástima que mi espíritu no pueda controlar completamente mi cuerpo.

Estoy perdiendo todo poder de concentración. Me dejo arrastrar por la euforia de mis sentidos.

Señor, impídeme pecar.

Virginia, sin darse cuenta, con su lengua enardece toda mi boca. Electrizando con ello mi cuerpo entero. Temo no poder dominarme. Arden mi vientre y mi paladar.

La tiesura escandalosa de mi miembro me avergüenza. Sofía me frota abajo con su dos manos. Pero sin darle asco asearme... con su lengua... lo más alto. Si acelerara el ritmo, no sé lo que sucedería.

Dios mío, Dios mío, auxíliame.

Mi cuerpo no resiste más el lavado terapéutico de Sofía.

...

¡No puedo contenerme más!

...

Le mancillo la boca.

Señor, Señor, ¡perdón!, ¡perdón!

Me siento en un infierno de tierra quemada, como en un vacío de angustia. (¡Y ellos anuncian en sus periódicos: *the best deal!*)

Virginia ha sentido la conmoción tan fuerte como imparable. Me consuela con toda bondad. Con sus labios y su lengua acaricia mi boca y con sus manos mi nuca. Como si quisiera decirme «no pasa nada, estoy con usted ayudándole en este trance». Ignora que he pecado ¡mortalmente!

Soy tan repelente. Sofía ha recibido el animal y viscoso espasmo, con piedad. El estremezón sigue haciéndome temblar abajo. ¡Bestialmente! El pecado se ceba con mis miserias. Sofía me muestra (¡y con qué amor!) que no le ha herido mi ruindad. Me fricciona el trasero. Las caricias tan caritativas de las dos hermanas al unísono me alivian cuerpo y alma.

El Señor dijo:

«Si hallare entre todos los pecadores cincuenta justos a todos los perdonaré por ello.»

¿Me perdonará Dios por los méritos de ellas?

Amodorrado, no consigo mantenerme despierto...

*   *   *

Mi amor a Dios sobre todas las cosas, mi tradicionalismo, mi sentimentalismo, mi españolismo, mi patriotismo y mi religiosidad me guían. Durante toda mi vida he intentado atesorar virtudes. En la medida de mis limitadas fuerzas. Con humildad.

No concibo ni la infidelidad ni la impureza.

Me refugio en la verdad.

Me casaré el día en que encuentre a una mujer

como mi madre. Pues al varón el señor lo ha creado para fundar una familia.

«Dejará el hombre a su padre y a su madre y se unirá a su mujer, con la que formará una sola carne.»

La mujer con la que «venga a formar una sola carne» deberá ser prudente, morigenada, misericorde, humilde, simple, pura, y dulce. Sin parecerse en nada a esas modelos que se maquillan (*¡dramatic volume mascara!*, ¡y tan dramático!) con *Estée Lauder*.

A mi madre le adornaron todas las virtudes. Nunca he conocido mujer alguna que pudiera llegarle a la altura de los zapatos. Claro que siempre viví rodeado de compañeros, camaradas y colegas... ¡masculinos! Desde el inicio de mi vida mi madre tomó la sana decisión de llevarme a colegios privados sin promiscuidad sexual, tan perniciosa. Mi promoción no conoció el decreto contranatura de permitir que las mujeres pudieran ingresar en nuestras escuelas reservadas a la élite.

(¡Mujeres a quienes *Calvin Klein* viste en su *season neutral* ¡con gorras soviéticas *khaki*! para alcanzar *the subtle take on military chic*.)

Terminados mis estudios sólo he conocido, en los diversos laboratorios, centros, servicios, equipos de ajedrez, y por fin en el Departamento de Investigación, el contacto con mis camaradas de servicio. ¡Sin mujer alguna, gracias a Dios!

Sofía y Virginia son del mismo temple y de la

misma raza que mi madre. Practican la pureza como una evidencia ¡tan misteriosa! Con qué compasión y probidad me tratan.

Alguna vez he pensado, mientras me cuidan con tanta compasión, que podría unirme a ellas (¡tan sólo a una de ellas naturalmente!). Por el lazo sagrado del matrimonio.

Me escondo en mi ardiente castidad.

Pero ¿a cuál de ellas debo elegir?

Pido al Señor que me ilumine. Naturalmente los encantos físicos no serían elementos de juicio. Las dos, ¡bendito sea Dios!, son igualmente hermosas y lozanas. Sus vientres serían el receptáculo ideal para una maternidad virtuosa.

«Tu vientre es trigo candeal rodeado de lirios.»

Y sus pechos la fuente que nutriera al hijo de nuestro amor.

«Tus senos son los dos cervatos mellizos de una gacela.»

Viéndolas imagino un doble argumento moral: La armonía y la gracia de los cuerpos de las dos hermanas no pueden explicarse sin un Supremo Hacedor. Es la prueba de la existencia de Dios. De la misma manera que los hechos de sus conciencias no pueden concebirse sin una Razón Suprema. Prueba también de la existencia del Señor.

A pesar del aire *new romantic* de Virginia y del encanto (*¡naïve and charming!*) de Sofía (como diría el *whole number* de *Vogue*), creo que ha llegado el momento de encumbrarlas (a cualquiera de las dos) con el honor de la maternidad.

La espiritualidad de Virginia me cautiva tanto como el cuidado de Sofía por todos los detalles materiales. Virginia busca la dicha de mi alma aliviando las penas de mi situación. Y Sofía también me alivia, pero más decidida a suprimir los sufrimientos de mi cuerpo.

Aspiro a dotarme con la salud y la impetuosidad de mi madre.

Como no quiero ni nunca he querido ocultar mis sentimientos, en cuanto (restablecido del accidente) pueda comunicarme con ellas, les diré todo lo que pienso. Y les anunciaré que incluso barrunto la posibilidad de unirme a una de las dos para siempre.

Pero ¿con cuál?...

Las dos son como dos *Comtesses d'Haussonville* pintadas por *Jean Auguste Dominique Ingres* y que he visto en *the Frick Collection* de la *71 street*.

Dios mío, ilumíname. Para que un día yo también, como Salomón, pueda decir:

«Qué hermosa eres y cuán suave es tu amor deleitoso. Tus cabellos son como la púrpura del rey...»

* * *

Sofía, sin darse cuenta, me despierta. Me transporta al baño con la ayuda de Virginia. Me introducen en el agua calentísima y perfumada *with ac-*

tive frutos... *concentrate.* Y por si fuera poco con *glucose, fructose, vitamins B3, B6 and fruit acids.* ¡Es demasiado sibaritismo para mí!

Rezo.

Trato de rezar.

Me depositan en la camilla, tras sacarme del baño. Me secan. Me friccionan con decisión. Extraen las escorias que retienen los poros de mi cuerpo. Churretes de fango negro. Las impurezas de mis pecados.

Las dos hermanas me curan con ¡tanto don de sí! Asiento la relación con ellas en la devoción.

Sofía me pone la inyección. Como de costumbre, una euforia irracional va naciendo inexorablemente de mis entrañas.

Virginia acompaña la sensación y la multiplica con sus gestos terapéuticos, mirándome profundamente. No puede imaginar que yo también la veo. Al contemplarla, de pronto mi cuerpo alberga sensaciones extrañas y deliciosas.

¡Con qué frenesí y con qué dolor exploro lo desconocido!

Señor ¿tiemblo al borde del abismo?

Los ojos abiertos de Virginia, a unos centímetros de los míos, tienen casi la virtud de hipnotizarme. Siento gozosas cosquillas que brotan de mi retina y chisporrotean por todo mi cuerpo. Hasta los dedos de los pies. Como escalofríos... o como si me electrocutara.

¿Es sólo una nueva y verdadera ilusión *(new true illusion)* como la que anuncia *Maybelline*?

Dios mío ¿estoy pecando?

El diablo es astuto como la serpiente, «el más astuto de todos los animales del campo», dijo el Señor.

Siento el cuerpo de Virginia encima. Como se lo pide el médico. Supongo. Pone sus labios sobre los míos. También por consejo médico.

Estoy medio embriagado. Sus labios y su mirada tan dulce y tan caritativa están a punto de trastornarme. ¿Voy a precipitarme, víctima del vértigo?

Quiero agarrarme a Ti, Señor.

* * *

Propicio a las dos hermanas mi protección espiritual. Tan discretamente que no pueden ni sospecharlo. Les devuelvo incrementado, con ello, todo lo que de las dos recibo.

En el orden moral, por encima de los sentimientos, las ideas y las inclinaciones, obedezco a la norma impuesta por la voluntad de Dios. No soy como nuestros vecinos escandalosos (ahora les ha dado por celebrar sodomitamente el nacimiento de la moneda europea: *¡and the euro is born!*). El código de valores divinos se impone a mi lucidez en conformidad con mi naturaleza. También se impondría a ese par de invertidos si no se hubieran encenagado.

Rezo por Sofía y Virginia: Las colmo, pues, de gracias inefables. Cada una las remite a la cuna del mundo.

∗   ∗   ∗

La rutina de los actos médicos a los que se consagran las dos hermanas desarrolla en mí un fuego interior que me devora. Y me abrasa cada vez más.

Las atenciones que me prodigan, al eslabonarse una tras otra, determinan encarnaciones sucesivas de la euforia.

Toda mi vida, gracias a Dios, me he preservado del pecado. Ni siquiera he leído esos mensajes modernistas de *Mc Donald's*: *a message for Big Mac lovers*. Antes del accidente fui casto. Día y noche. Celebro no haber caído nunca en la bestialidad de la fornicación, ni en otras abyectas tentaciones.

Nunca he intentado conciliar la llama con la inmortalidad.

Una tarde, junto a la Glorieta, paseando con mi madre le dije:

«El que permanece puro deja de estar tentado.»

Y ella se rió, divertida.

∗   ∗   ∗

Me despierto acostado desnudo, boca arriba y espatarrado.

Virginia, sobre la cama, se arrodillada entre mis piernas.

Pobre mujercita obligada, para fortalecer mis músculos, a contemplar frente a sus ojos un degradante espectáculo. Las partes más obscenas y asquerosas de mi cuerpo... ¡tan cerca de las más delicadas del suyo! De sus ojos tan virginales y de su boca tan inmaculada.

Me trata con la misma generosidad que Rebeca... cuando dio de beber agua de su pozo a un criado andrajoso y a sus mugrientos animales:

«Para tus camellos sacaré agua hasta que terminen de beber.»

La parálisis me provoca ¡tantos tormentos! El peor de ellos es tener que aceptar las humillaciones que deben sufrir por mí las dos hermanas. Se ven obligadas a curarme, aplicando la terapéutica tan exigente del médico. Humildemente, frente a este originalísimo sistema, yo diría como el *Britain's... Prince Edward* a los fotógrafos que le pedían su opinión sobre el beso: *I don't know about that.*

Virginia, sin dejar de estar de rodillas, ha encajado mis nalgas sobre su vientre y sus muslos. Y ha pasado mis piernas por encima de sus hombros. Mis pies caen por detrás de su espalda.

Forzosamente (para angustia mía) mi masculinidad se alza a la altura de su cara. Pero ella, caritativa, hace esfuerzos por dominar su repugnancia.

Tengo incluso la impresión de que se obliga a adorarla. Sacrificándose.

Estos actos inmoralísimos ¿presuponen la libertad libremente consentida?

Al mismo tiempo Sofía me frota las sienes. Con este masaje precipita el aturdimiento. Todas las células de mi cuerpo se comunican, gracias a ellas, el mismo fuego. ¡Qué difícil me resulta concentrarme y rezar!

Comprendo gracias a Virginia lo que puede ser el frenesí del cariño... hacia una esposa. Y al mismo tiempo lo que pueden ser las tinieblas del pecado.

A pesar de estar a punto de perder el conocimiento, sigo atentamente el ritmo de Virginia y de sus gestos terapéuticos. Mi miembro asquerosamente rígido se alza, repugnante. Siento sobre él la presión de la mano derecha de Virginia... y la de su izquierda... y la de sus de sus labios, su pecho, su lengua... el vaivén que imprime.

¡No quiero pecar, Señor!

Me niego a conocer *a passion for luxury*.

Virginia ha llevado mi cuerpo a la alucinación. ¿Olvido que existo? Soy un juguete del diablo. El universo ya no tiene edad.

* * *

He vuelto a tener la misma clase de pesadilla. Esta vez me examinaba. Tenía que dar con el proceso de entrada al ordenador del programa que estamos construyendo en el Departamento de Investigación. Lo intentaba una y mil veces sin lograrlo nunca.

En medio de la pesadilla creí despertarme. Vi otra vez al desconocido vestido a lo *Park Avenue,* al *«doctor»*... a unos centímetros de mis ojos. ¿Lo vi o creí verlo?

Me rodea el ardor de los canallas.

*   *   *

A veces me pregunto ¿qué es mejor?, ¿no sentir la necesidad de moverse?, ¿o no sufrir parálisis? Las hermanas aspiran a curarme. Y, sin embargo, contrariamente a su propósito, atizan mis deseos más rastreros, ellas que son tan inocentes.

La salud lleva consigo los gérmenes de la enfermedad y la muerte. Como los cuidados terapéuticos los de la tentación más animal... Como la primavera los del invierno.

Vivimos en un mundo, que algunos llaman de *millenium madness,* donde el caos, «la locura del milenio», se acerca al galope sobre roncas gargantas.

Un universo aberrante donde fluctúa la ley moral y, lo que es peor, ¡la unidad objetiva de la misma!

«Y Dios echó al hombre y puso delante del jardín del Edén querubines con espadas de fuego para...»

* * *

Los dos sodomitas están hablando con las hermanas. Los oigo a través de la puerta.

Temo que las envilezcan. Oigo cómo se ríen. Creo que se refieren a mí.

Qué inmoral es el mundo en que vivimos. Una cucharadita de bilis puede emponzoñar una tinaja del más dulce almíbar. Y, no obstante, una cucharada de almíbar...

Hoy ya nadie escribe sobre la moral y menos aún en el correo de lectores o las *letters to the editor* o los *mail calls*. Pero si alguien lo hiciera osaría llamar moral (o inmoral) a lo que dicta la conciencia colectiva de la sociedad: un soplo de nada en el vacío.

Esas risas de los dos invertidos muestran el desprecio que su clan alberga hacia las mujeres más puras... como estas excepcionales hermanas.

La mujer verdadera está destinada por el Señor, desde su nacimiento, a ser la compañera del hombre. A seguirle y obedecerle incluso en la más terrible de las adversidades. Por ello a la mujer de bien el homosexual la desprecia u odia.

Estos degenerados son los seres más discriminatorios de la Tierra. Ellos que se cacarean víctimas (según se atreven a afirmar) de esta misma discriminación. Se permiten nada menos que la osadía de rechazar a la auténtica mujer: a la virtuosa.

A uno de ellos le oí declarar:

«¡Qué asco me dan las mujeres, con tantos agujeros, y todo tan blando!»

El peor racista no se atrevería a decir algo parecido sobre otra etnia, ni a practicar tan definitiva forma de rechazo.

De «discriminación» del otro:

es decir, de sí mismo.

Los sodomitas se organizan en torno a impulsos tan primitivos como la sed, el hambre y la sexualidad desenfrenada. De su satisfacción, según ellos, nace el placer, y de su represión el dolor. Pobres y tristes seres inmorales que sólo sueñan con fornicar y con ser *the Time 100*, ¡el famoso del siglo!: *¡person of the century!*

No conocen el «ama a Dios sobre todas las cosas y al prójimo (¡y a la prójima!) como a ti mismo».

Son tan nauseabundos que merecen mil veces el infierno. Que Dios el día del juicio final con su alta magnificencia les condene como se merecen.

Los sodomitas, en verdad, se comportan como autistas. Como pobres desgraciados que sólo conocen la rutina... ¡del vicio! Son enfermos a los que habría que encerrar en manicomios hasta que se curasen de su aberración. Padecen un mal que les impide soportar a la mitad de la humanidad.

Vulgarizan lo inefable viajando con el vértigo.

La policía debería vigilarlos, perseguirlos, acosarlos y azotarlos en celdas de castigo ¡aisladas! Pero los miembros de este cuerpo, precisamente, están ¡ya! contaminados por el pecado nefando. Y pensar que hay guardias armados ¡pederastas! Que desfilan bajo cartelones infames proclamando sus vilezas. ¿Cómo pueden ser agentes del orden semejantes desordenados?

En verdad de nada serviría encerrarlos en las cárceles... de hoy. ¡Es a lo que muchos de ellos aspiran!: a vivir en una prisión de carnaval. Llenas de jóvenes inocentes con carne fresca para corromperla. Cárceles con salones de televisión, habitaciones de amor, ¡*the paradise found!* para que se refocilen como cerdos, y menores para violarlos y convertirlos a su causa.

Para esos escandalosos las autoridades reparten toda clase de socorros. Las organizaciones morbosas se agitan y medran para que los invertidos vivan como reyes. En tiempo de las galeras no se hubieran pintarrajeado como mujeres en plena calle.

...

¿Pero qué están diciendo?

¿Se van a ir las hermanas?

¡Me van a dejar solo, esta vez de verdad!

¡Durante dos semanas!

No lo podré soportar. ¿Cómo es posible que me

entreguen a una pareja de semejantes alimañas depravadas?

Quiero permanecer al margen de este mundo ocioso y brutal.

No saben que el Señor dijo:

«El clamor de Sodoma y Gomorra aumenta más y más, y los pecados se agravan cada día.»

*   *   *

Tomo la solemne decisión de casarme con una de las dos hermanas en cuanto me cure.

Pero como soy y seré hasta mi muerte un hombre fiel, no abandonaré a la otra. Viviremos los tres juntos definitivamente con la bendición de Dios. Daremos ejemplo a la humanidad de lo que es el verdadero amor espiritual. ¡Qué felices serán los justos cuando se enteren! Me cantarán:

«El aroma de tus perfumes es exquisito, por eso las doncellas te aman.»

¡Cómo quisiera poder comunicarles a las hermanas mi decisión! Ahora que se van a ir.

Ellas mismas elegirán cuál de las dos será mi amada esposa. ¿A cuál de ellas me uniré hasta la tumba? *Arriving here is a magical experience:* sí, todo será mágico. Y crearemos idiomas originales, fiestas suntuosas, virtudes originales... para mayor gloria de Dios.

Ya no puedo imaginar mi existencia sin la presencia de esta pareja de ángeles que el Señor me ha enviado. Mi vida espiritual ya no tendría sentido sin su santidad.

«Salid, oh doncellas, y ved al rey Salomón con la corona que le ciñó su madre.»

* * *

Sofía al fin ha conseguido, con múltiples esfuerzos, ponerme en la cama sobre Virginia. Encima de ella. Bajo mis pies siento los suyos y bajo mi frente la de ella.

Es una posición que no conocía. Me gusta aún más que las otras. Supongo que desde el punto de vista terapéutico será muy eficaz.

Pero ¿es la última vez que las veo? ¿Antes de que se marchen? ¿Durante cuántos días? ¡Qué largas se me van a convertir las horas!

Virginia, estirada, debajo de mí, me mira con ¡tanto amor!

Comprendo que... ¡ha comprendido! Sé que sabe que vamos a casarnos (a no ser que sea con su hermana).

Aunque me considere como una «legumbre» sin sentimientos tenemos que comprometernos y unirnos para siempre. Por los lazos sagrados del matrimonio.

Estoy convencido de que aprueba mi decisión. Lo leo en sus ojos. Descifro lo que quiere decirme a través de su mirada ardiente:

«Yo también le amo a usted, espiritualmente. Estoy deseosa de serle fiel hasta la muerte, como esposa. Pero si usted prefiere casarse con Sofía seré testigo constante de su unión con ella.»

Me llama de usted. Como debe ser, y como no hacen esas subnormales que desfilan medio desnudas para honrar a retrasados mentales como *Ally Capellino, Christian Dior, Giorgio Armani, Ralph Lauren, Helmut Lang, Paul Smith, Yohji Yamamoto, Michael Kors o Jil Sander.*

Al fin conozco lo que es el amor. Sabía, por los libros de meditación, que es un sentimiento espiritual arrebatador presidido por la gracia divina. Pero no podía imaginar su esplendor.

Me siento habitado por un espíritu de aventura, más allá de toda aventura.

Virginia está debajo de mí. ¡Pobrecita! Y yo encima de ella, aplastándola con mi propio peso. Me acaricia la nuca sin dejar de mirarme. Y sin saber que yo («la legumbre sin sensibilidad») también la estoy viendo. Mi cara se ha encajado en la suya con la ayuda de los ángeles. Oigo lo que me dice interiormente... como la esposa de Salomón:

«Dígame usted, cuyo corazón amo, ¿adónde conducirá su rebaño para que las ovejas ya no pazcan como vagabundas?»

Sus ojos ¡tan dulces y honestos! llamean a unos milímetros de los míos. Siento la transpiración que brota de todo mi cuerpo.

«Tus ojos son palomas detrás de tu velo.»

Cómo lamento estar (como ella y Sofía) desnudo de pies a cabeza. Mostrándolo todo sin pudor alguno en este momento tan espiritual. ¡Cuántos estragos me causan las secuelas del accidente!

Sofía, ajena a la declaración de amor (sin palabras) de su hermana, me cura por detrás. ¿Realiza un nuevo tratamiento de mi enfermedad? Frota su cara contra mis nalgas. ¡Qué asco le tiene que dar! Pero ¡es tan pura! Comprendo la importancia curativa de su masaje. Pero unido a los gestos de Virginia, ¡cómo me arrancan a la mismísima existencia!

Siento en mi propia lengua la saliva, los labios, y la lengua de Virginia. Es su declaración de amor. Me la va detallando con su aliento y con su propia boca ajustada a la mía.

¡Que el Señor la bendiga!

Mi vientre unido a su vientre y mi boca unida a su boca materializan la idea de lo que será nuestra unión. Nuestro casamiento.

Sí...,

¡sólo Dios es grande!

Mis músculos comienzan a reaccionar. Por lo menos uno de ellos y por sí solo:

¡el viril!

Desobedeciéndome.

Como si el diablo lo habitara y lo dirigiera. ¡Qué repelente soy! No puedo controlarme ni siquiera en este momento de intenso amor. No soy capaz de dominar a este órgano morboso y rígido. Se ha empotrado

tieso

¡en el propio cuerpo de Virginia!

¡Qué horror!

¡Qué daño tiene que hacerle!

¿Le estará hiriendo?

Y ella, pensando sólo en mi curación, acepta que la penetre este sucísimo cacho de carne.

¡Cómo se sacrifica por mí!

Los efectos los siento inmediatamente. Mi parálisis se diría que comienza a disiparse. El vaivén curativo que ella imprime a mi cuerpo ¿anuncia el fin de mi claudicación?

Intento contenerme.

¡Es tan difícil!

No quiero mancharla... Ni con *dirty tricks*... y menos aún con mi propio líquido seminal. Bastante se ha humillado ya por mí.

Cuando nos casemos, una vez restablecido, ya no necesitaré de estos cuidados médicos ¡tan repulsivos! No permitiré que, como ahora, el diablo me domine.

A pesar de su sufrimiento, los ojos de Virginia bajo los míos expresan el éxtasis del amor. Es la criatura (con su hermana Sofía) más bondadosa del Universo. No dice nada porque sólo me diría palabras ¡tan dulces! Su mirada se ha vuelto transparente. Es virgen y pura. Y esta noche ¡mártir!

Por culpa mía.

«Haga de mí su sierva.»

Estas palabras que imagino podría decirme... me provocan ¡tal conmoción! que planeo. Me llevan en andas y volandas.

Qué placer... ¡tan paradisíaco!

¡No!... ¡tan infernal!

¡Y con inverosímiles vicios!

Sofía, mientras tanto, por detrás limpia el orificio más nauseabundo de mi cuerpo. Con su lengua.

¡Que Dios se lo pague!

Pero esta minuciosidad clínica me encabrita aún más.

¡Soy un pecador sin remisión posible!

Señor, ¡ampárame!

Mi cuerpo es un campo de batalla. Lucho soplo a soplo para que la pasión más abyecta no me arrastre como un huracán en este instante tan espiritual.

El amor brilla como el esplendor... entre los brazos de Virginia.

Pero mi boca, mi vientre y mi trasero arden, incapaces de contenerse más.

Siento cómo me está subiendo lenta pero inexorablemente el sebo.

La ponzoña del vicio

y del mal.

El diablo me la ha introducido muy dentro de mí.

En el tuétano de mi espíritu.

A pesar de todos mis esfuerzos me temo que voy a profanar el interior del vientre

castísimo

de Virginia. Allí donde un día guardará durante nueve meses el fruto de nuestra unión.

Ardo de amor. Pero también de lujuria.

¡Qué miserable soy!

La lengua de Sofía, hurgando en el agujero excremencial de mi cuerpo, me enfebrece aún más. De mí también podría decirse que soy *the man who forgot his own name*. Como *the groom after the wedding*. Sí, olvido mi propio nombre y sin necesidad de casarme.

Virginia me mira con infinito amor. Incapaz de comprender el infierno que se ha desatado en mi vientre. Comprendo que quiere decirme como la esposa de Salomón:

«Es usted mi bien amado, mi bienquisto. Todo en usted es encanto.»

Estoy como traspuesto, como emborrachado. El rígido músculo, incapaz de obedecerme, se mueve sin motivo, dentro del cuerpo virginal de esta adolescente.

Con sacudidas incontrolables.

Se desata la tentación...

...

como...

...como si le orinara dentro de su vientre.

... del de Virginia... mi futura esposa.

...

¡Qué vergüenza tan grande!

Y Salomón dijo a su elegida:
«Me haces perder el sentido por una sola de tus miradas, por una sola perla de tu collar.»

* * *

Acabo de despertarme. *Tick, tick, tick... the day clock... like a metaphor*. Permanezco aún conmocionado.

¡Santificado sea el nombre de Dios!

¿Cómo pude dormir tan súbitamente?

Anoche viví el momento en que más me coceó mi propio cuerpo maniatado por el diablo... pero al mismo tiempo mi alma ¡qué dicha me procuró!

¡El Señor me mostró la infinita magnificencia de su Reino!

Mi corazón no había vibrado nunca con tal emoción... y pienso en mi santa madre.

Es amor... no cabe duda... lo que sienten por mí las dos hermanas. No sólo la caridad las mueve y conmueve como había supuesto durante tanto tiempo.

¡Bendito sea Dios!

Todo lo que en ellas se exterioriza como esmero, todo lo que se patentiza como cuidados médicos, todo lo que se manifiesta como masajes y lavados es prenda de esencia y espiritualidad.

¡Hágase tu voluntad, Señor!

Me casaré cuanto antes. Con una de ellas. Viviremos los tres unidos, con nuestras almas enlazadas, una eterna y purísima luna de miel. Sin que el Señor nunca nos deje caer en la tentación. Viviremos iluminados por la piedad.

Ellas ni siquiera fumarán. *Smoking by pregnant women may result in fetal injury, premature birth, and low birth weight...* como al fin advierten (¡pero de forma, eso sí, chabacana!) las propias cajetillas.

¡Surgeon general's warning!

Comprobaremos ellas y yo, solos en el mundo, que la piedad es el principio de toda justicia espontánea.

Cuando haya recuperado el movimiento y la salud, las vestiré con los trajes de mi adorada madre.

Sobre todo el blanco con cinturón de tul.

* * *

Me pone (¿Sofía? ¿O Virginia?) la inyección de la tarde. Con más dulzura (¡con más amor!) que nunca.

Estoy aún medio dormido.

Pero... ¿qué es esto?

...

¡Qué horror!

...

¡No es Sofía!

¡Es el vecino sodomita!

Vivía tan emocionado pensando en ella...

La presencia de este invertido me paraliza mucho más de lo que la enfermedad atrofia mis músculos.

Me examina con una linterna en la mano. ¿Qué quiere ver y observar tan cerca de mí este... mari... posa? Seguro que está pensando en lo peor. En lo más obsceno. En lo más pecaminoso.

Intenta saltar el muro que separa el vicio de la virtud.

¡Señor, auxíliame!

Tú, que el segundo día hiciste el firmamento y que:

«en medio del agua, separaste el agua del agua».

*   *   *

Sofía y Virginia llevan ya diez días sin venir a verme.

Sigo entre las manos de este par de vecinos... homosexuales hasta las cejas: Abel y Lucifer, y... temiéndome lo peor.

¡New possibilities for pleasure and loving —perhaps many that you never knew existed!, gritaba uno de los dos por teléfono. Y aún añadió:

«Soy *beautiful*... mejor que toda la *Xandria Collection of Sensual products*.»

Para disimular, como de costumbre, cumplen como enfermeros. Sin, por ahora, abusar de mi cuerpo indefenso.

La inmoralidad de estos sodomitas tiene una escala de valores. Va del odio instintivo hacia los hombres normales, al odio visceral hacia los defensores de la moral.

Leo en sus miradas viles y voluptuosas el deseo de violar mi masculinidad. ¡Qué individuos tan sórdidos! Quisiera rezar por ellos, como por todo el mundo, pero no puedo. Me dan ganas de vomitar.

Se dejan llevar por la virulencia cuando su sangre se vuelve veneno.

Virginia (como Sofía) no permitiría que nadie se aprovechara pecaminosamente de mi vulnerabilidad. Imagino su frustración cada día que pasa. ¡Teniendo que vivir tan lejos de mí! Estará preparando la boda. Por eso tarda tanto en volver. Qué mujer (¡qué pareja!) tan maravillosa.

¡Que Dios las bendiga y santifique como al séptimo día de la creación!

* * *

No me engañan con sus mimos este par de invertidos descarados.

Cómo me gustaría poderles explicar con calma

y tolerancia lo que opino de ellos. Les daría generosamente una lección de ética.

«Sois sodomitas —les diría— es decir, representantes de la ciudad infame por excelencia, Sodoma. Practicáis la abyección del hedonismo. Y el hedonismo es el mal porque no conoce ni el esfuerzo, ni el sacrificio, ni el respeto del otro.»

Para esta gentuza el otro es un objeto. Y para el pederasta pasivo o activo todo debe sacrificarse a su soberbio y diabólico capricho.

Pero deberían saber que existen el vicio y la virtud, lo lícito y lo ilícito, el bien y el mal. ¡La moral!... Ninguna civilización la desconoce.

Cuántas veces estos mediohombres han desfilado delante ¡incluso! de centros castrenses o edificios religiosos... agresivamente... representando su *private war*. Como si fueran un ejército enemigo. No son, ni mucho menos, enamorados con suelas de viento.

Piden (¡se necesita desvergüenza!) que la defensa del país pueda encomendarse a afeminados o que las parejas sodomitas adopten niños.

Estos seres (no los puedo llamar hombres) un día se exhibieron cerca de mi casa con pasquines que decían:

«Orgullosos de ser homosexuales.»

¡Qué monstruosidad!

Y además, por si fuera poco, ¡qué imbecilidad!

¿Qué pensaría el mundo si las personas decentes y sin taras como yo desfiláramos al grito de:

«Orgullosos de ser normales.»

Pensaría que somos cretinos y con razón.

Pobres familias y pobres madres. Pensar que viven tan aterrorizadas por la mafia homosexual que se ven obligadas a manifestarse ellas también. Formando ridículos cortejos como el que vi un día frente a la casa de mi santa madre. Y las pobres, asustadas y abochornadas, maullaban sin convicción (¡como *Tammy Wynette o Martha Gellhorn!*):

«Orgullosas de ser madres de homexuales.»

Ya lo dijo el Señor:

«Maldito sea el suelo por tu causa. Dará espinas y cardos y comerás la hierba de los campos.»

* * *

No me puedo acostumbrar a este canall... (Señor, perdóname por la falta de caridad con que trato a tu criatura, Abel,... que así se llama). Orinar con su ayuda es la peor tortura. Cómo me asquea y encoleriza sentir los dedos de estos monstruos en semejante lugar de mi anatomía. Y cómo deseo edificar, lejos de ellos, mi mansión en el firmamento, para retozar entre las estrellas.

¡Qué diferentemente orinaba con la ayuda de Virginia! Ahora comprendo que desde el primer momento me amaba ya como una santa. Un acto que en sí podía parecer degradante, ella lo realzaba con devoción y sacrificio.

Cuántas veces, para facilitar la micción, introducía mi poluto órgano en su delicada boca. Como una madre que sisea con amor a su nene: ¡psi!, ¡psi!

¡Gracias a la oración sigo en contacto con ella! (y con su hermana).

¡Señor, consérvamela tan pura como cuando se fue! Y a su vuelta, como dice el proverbio de Salomón:

«Comeré miel, porque es buena, del panal dulce de su paladar.»

* * *

Una vez más he tenido la misma pesadilla. El laberinto del programa informático secreto que estamos construyendo aparece como un test que tengo que resolver. Y no lo consigo.

Tuve la impresión de hablar con el mismo *Doctor* desconocido vestido a lo *Park Avenue* o como *the historian Arthur Schlesinger Jr*.

Qué ganas tengo de que cesen estas congojas nocturnas.

Pero, sobre todo, qué ganas tengo de hacer feliz a Virginia (o a Sofía) casándome con ella.

Bailaremos sobre las olas coronados de corolas.

* * *

Ahora comprendo la naturaleza del amor absoluto, exclusivo, total de Virginia (y también de Sofía) por mí. ¡Es un don de Dios! No se ama al que se quiere amar sino al que el Señor quiere que amemos.

A pesar de la simpatía y el afecto que desde el comienzo Virginia tuvo (tuvieron las dos) por mí, no creo que desde el primer momento me amara. Vulgarmente se llama flechazo a la decisión divina de transformar la simpatía en amor.

Virginia (y Sofía) me ha amado sin elegirme. Porque lo quiso nuestro Señor Todopoderoso creador de los Cielos y de la Tierra.

Cómo comprendo la sentencia:

«Ama y haz lo que quieras.»

¡Pero sin impureza, ni inmundicia alguna!

El ideal espiritual me lleva, de la mano de Dios. Al amor más intenso, más exigente, más liberador y más vibrante anímicamente.

«El placer», dijo el justo, «¿para qué sirve?» Y a su corazón le pidió: «Ven ahora, te probaré con alegría...».

Creí que Virginia me cuidaba con tanto sacrificio por exigencia ética. Pero en verdad no tiene necesidad de moral. Posee una gracia divinamente superior: el amor.

Nunca dirá, como esa pareja de invertidos «números uno del *top 10 of the scandals*»:

«¿Qué estatua destruiré? ¿A qué carroña veneraré? ¿Qué sangre mancillaré? ¿A quién me venderé?»

* * *

Observo a Abel (a esta mujerzuela inmunda) con ¡tanto asco! Me reprimo para no insultarle y maldecirle. Por caridad.

Me está lamiendo los dedos de lo pies. (El médico también había recetado este cuidado, cuando me atendían las hermanas.) Siento mi planta apoyada sobre su vicioso vientre.

Le examino de pies a cabeza. Reconozco todos sus diversos ingredientes impuros.

Se levanta. Se mueve como una potra lúbrica. A pesar de que imagina que soy «una legumbre» trata de excitarme. Cuando más repulsión me causa.

Qué ganas me entran de cruzarle la cara. Perdón, Señor, por mi impetuosidad.

Por lo menos a su amigo Lucifer no le veo. ¡Vaya nombre! Pero es infinitamente menos indiscreto que Abel.

Con la fusta le domaría ¡tan a gusto! Como a aquella yegua de las caballerizas de Madrid tan caprichosa.

Le obligaré a venerar la pureza y a obedecer la ley divina.

Me mira sonriendo, vanidoso, humedeciendo sus labios pintados.

«Vanidad de vanidades, todo es vanidad. El Sol nace y se pone, y acelera rápidamente hacia su desaparición... y entonces el Sol sale de nuevo.»

* * *

Abel me da un masaje en la espalda (¡*Always à propos!*, se atreve a decir con acento francés) para desentumecerme la columna vertebral. Sus manos no tienen ni mucho menos la eficacia de las de ellas. Y su boca aún menos.

Introduce su lengua en mi trasero para limpiarme. Este acto terapéutico, que tanto alivio me deparó cuando lo ejecutaba Sofía, ahora me consuela mucho menos.

Este mari... tornes conoce los desastres de la locura, pero con qué glotonería espera el amor.

La verdad es que no me importaría ensuciarle la boca. Llenársela de excreciones. En castigo de su pecado nefando.

¡Qué horror!

...

¡Qué asco!

...

¡Me he dejado ir como un bebé!

¡Qué vergüenza!

Un chorrito de excrementos ha salido de mi c... No he podido controlarlo.

Y este prostituto, este Abel (que debería llamarse Abelita-la-cerda)..., me frota con su lengua a gran velocidad, para limpiarme. Como una gata. Sé que lo tiene que hacer por exigencia médica, pero ¿por qué lo hace tan inmundamente?

Ya lo dijo el bíblico proverbio:

«El necio vuelve a su imbecilidad como el perro vuelve a su vómito.»

*   *   *

Abel me mira agarrando mi miembro viril. (*¡Just think!* ¿Qué querrá decir?) Es un diablo del aire prodigiosamente demente. No sabe que no tengo ganas de orinar. Además, aunque las tuviera, dada la erección, la orina no podría atravesar el meato.

Se mete mi miembro en la boca. Succiona fuertemente.

¡Ni una gota «de pis»!

Pero ¡qué recalentón me ha dado de pronto en el cogote y en el vientre!

Me está mirando... ¡amorosamente! ¡Qué señorita tan depravada! Me entra una furia... telúrica, devoradora. Me arrebata el odio.

¡Dios mío!, ¡Dios mío!

Sigue mirándome con ojos de mujer enamorada. Y con mi músculo tieso en su boca. Me gustaría herirle. Atravesarle las mandíbulas con mi espada de carne.

Si pudiera hablar sólo proferiría insultos. Los justos ultrajes que se merece.

Es un ser profundamente pervertido. Ignora que la noción del bien y del mal es anterior a cualquier norma ética: porque la bondad y la malicia son intrínsecamente buenas o malas.

¿Dónde habrá aprendido a mirar con esos ojos de mujer virgen? Es el antifaz de su desvergüenza.

¡Qué serpiente! Pero a mí no me atrapará.

Con sus lamidas este pend... (perdón Señor, hablo de Abel) está dando un espectáculo deprimente. Qué abyección. ¡Si mi santa madre le viera!

Podrá tentarme pero ¡nunca jamás! someterme.

Estoy aturdido... y abochornado.

La fiebre me devora. La lava satánica... que llevo dentro de mi cuerpo... va a salir... por el cráter... de mi miembro viril.

En presencia de este... esta... hetaira.

¡Ayy!

¡Dios mío!... ¡Ayy!

*   *   *

Otra pareja de «pede... rastas» me mira como a un bicho raro. (*Who's afraid of him*, dice uno de ellos ¡describiéndome!).

Abel repite lo que viene diciendo toda la noche:

«Estoy enamorado... ¡de él!» (¡Y se refiere a mí!, el muy put...)

¡Será descocado!

Añade:

«Ni oye, ni ve, ni habla, ni puede moverse, ni siente, ni goza, ni padece... ¡Y, sin embargo, estoy loco por él! Es el hombre de mi vida. Gracias a él conozco al fin el amor, fetén, de verdad.»

Ahora comprendo lo que une a toda esta fauna: ¡es una secta!

Una secta rarísima. Un corro de sodomitas de vuelta de todo, porque no ha ido a sitio alguno... ¡decente! Supongo que quieren pasar una noche «inolvidable» en el *loft*.

El tiempo para ellos es un payaso... por eso cada cosa llega en su momento.

Voy a rezar

Qué pena que no estén las hermanas para protegerme con su amor.

Un adefesio prendido (¡en su propia carne!) por toda clase de imperdibles y de anillos le declara a Lucifer:

«Estoy más encoñado por ti que Abel por su paralítico.»

Quisiera tener la dicha de ni ver ni oír.

Señor que estás en los cielos ¡auxíliame!:

«Tú, que eres mi roca, mi castillo, mi liberador, mi refugio, mi escudo y el cuerno de mi salud.»

*　*　*

Intento rezar.

Trato de meditar. De zafarme mentalmente de esta orgía. No puedo. Este rebaño de puercos (debería decir de puercas) ha desatado un bullicio infernal.

En verdad son diablos disfrazados de hombres

(o ¡de mujerzuelas!). No los ilumina la razón natural, ni oyen la voz interior de la conciencia. Desconocen la norma preceptiva que debiera regir sus pensamientos. Son monstruosamente inmorales... y peores que el *letal weapon: ¡the sexual power!*

Pero yo conservo la lucidez. Completa.

¡Gracias a Dios!

Están cenando con ese pobre hombre amarrado bajo la mesa.

Lucifer pavonea:

«Es mi esclavo. Lo he tenido tres días amarrado en la bodega. Me estuvo esperando, loco de impaciencia. Sabiendo que sufría ese martirio por mí... me pasé el día empalmado.»

¡Qué panda de degenerados! Con razón se les llama sodomitas. Viven en una nueva Sodoma que terminará arrasada por el fuego.

Gandulean, con las manos en los bolsillos, seduciéndose unos a otros como vírgenes locas.

Lucifer le pregunta a su «esclavo», pero sin desatarle la soga que lo inmoviliza:

«¿Cómo te llamas?»

«Esclavo, mi Señor.»

«Lo veis: ha perdido su nombre. ¿Y cuál es el mío?»

«¡Mi Señor Lucifer!»

«Qué puta es la tía, ¿no oís?»

Pero ¿cuándo va a terminar este sainete para tarados?

«Esclavo, cuenta a mis amigos lo que me dijiste al oído la noche en que te conocí.»

«Le dije a usted, mi Señor, "haga de mí lo que quiera. Soy su propiedad".»

«Desde niño había soñado con tener un esclavo desnudo y atado. Como los romanos. A mi disposición. Con una soga que uniera sus tobillos al cuello. Como había visto en un diccionario del colegio... Y luego ¿qué me dijiste?»

«Le dije, mi Señor: "seré su esclavo si me lo pide. Le esperaré día y noche encadenado en el fango. En una celda subterránea de la que sólo usted mi Señor tendrá la llave".»

«Me dio un calambrazo en la bragueta.»

A mí también me ha dado un calambrazo pero de asco. De oírle repetir en voz alta en presencia de desconocidos semejante declaración.

Esos homosexuales (¡all together now!) son tan degenerados que no sólo no conocen la compasión sino que se revuelcan en la crueldad y en la humillación. Y en toda clase de ignominias. No saben que la acción moral nos hace dignos de la verdadera felicidad: supremo bien del alma inmortal... ¡creada por Dios!

Ella, Virginia (y también Sofía), ¡tan pura! sabe lo que es la compasión. Con qué dulzura, las dos, compartían mis sufrimientos y me aliviaban. Ésa es la esencia de la caridad.

Esos bestias diabólicos no practican la compasión. Son incapaces de participar en el sufrimiento ajeno.

Abel se encara con Lucifer:

«Es vergonzoso lo que haces con "tu esclavo". Esta exhibición me exaspera. No tienes por qué obligarme a compartir tus aberraciones morbosas.»

Qué cosa tan rara un maric... (perdóname, Señor, pero no puedo sofocar el odio que en mí despiertan esos individuos)... un homosexual se comporta, por una vez en su vida, como un hombre normal.

«Amo a mi Señor Lucifer. Sólo soy feliz siendo su objeto, su cosa, su siervo martirizado.»

«Cómo me excitas esclavo, abre la boca que te escupa en ella.»

No quiero seguir oyendo.

Voy a hacer un esfuerzo para abstraerme en la oración.

«El cielo contiene la gloria de Dios y el firmamento anuncia la creación de sus manos.»

* * *

Ahora comprendo.

¡Celebran una orgía satánica!

Ya había oído hablar de estas carnavaladas siniestras (incluso en plena *NBA strike, this past week end*). No podía imaginar que fuera algo tan rastrero y tan viscoso.

Estas hienas se martirizan peor aún de lo que lo eran los oficiales y los legionarios rebeldes de comienzos de siglo.

No quiero verlos.

No quiero oírlos.

¿Por qué, Dios mío, la parálisis no me afecta a estos sentidos?

Se revuelcan unos sobre otros. Como animales. Sin ningún pudor.

Y a eso lo llamarán «hacer el amor».

El amor de Virginia (y Sofía) por mí se sitúa en los antípodas de esta impudicia. Desde el día de nuestra alianza (por el lazo celestial del matrimonio) manifestaremos el amor a dos niveles. Exteriormente entonaremos un himno a la creación, al cielo, al Sol, a la Luna, a las estrellas, a los valles, a las flores, a los cedros, a la escarcha: ¡a todo lo que el Señor ha creado! E interiormente asociaremos nuestras almas al universo. Sin privilegiar ni excluir nada.

Mi devoción por Virginia implica el amar a todos los seres de la Tierra de forma singular. Y a Dios sobre todas las cosas.

«Bendito sea el Señor, vestido de gala y de resplandor y con un manto de luz como bandera.»

* * *

Y ese pobre «esclavo» (¡menudo desgraciado!) sigue relatando su martirio. ¡Qué ridiculez! Se ve obligado a repetir siempre lo de «mi Señor Lucifer»:

«Mi Señor Lucifer me encerró en la última cuadra. Me ató por el cuello como si yo fuera una potranca. Le besé las manos mientras lo hacía. Pasé el día esperándole, sabiendo que mi Señor Lucifer en su despacho estaba excitado, porque yo sufría por él. Me tumbé en la paja. Cuando llegó por la noche y abrió el candado sentí una efervescencia ¡tan fogosa! Sabía que me iba a azotar y a orinar en la boca todo lo que había podido contener durante el día.»

Mi unión con Virginia no se someterá ¡nunca! a estas procacidades. Será una danza divina presidida por la armonía reconquistada.

«¡Esclavo, va a venir un amigo mío!»

«Señor Lucifer, ¿va a martirizarme con espuelas como la última vez?»

«Yo, no... otro.»

«Haré lo que me pida, Señor Lucifer. Le mostraré que usted, Señor, me ha domado como es debido.»

«Va a ser una sorpresa.»

«Señor, estos tres últimos días solo en mi celda y atado he sufrido tanto por usted.»

«¿Estabas cachonda?»

«He llorado día y noche. Me parecía, Señor, que me moría en mí mismo.»

«Cómo me excita saber que has sufrido, y que te has sentido desesperado.»

«Sólo usted, Señor, puede colmarme. Me abandono a la dicha de quererle locamente.»

«Estás en celo. Te voy a tener que atar la polla.»

«En la cuadra esperándole, Señor, en ocasiones gritaba. Tenía el sentimiento de ahogarme en un abismo de soledad.»

«Te voy a... a vender... a un ser malvado.»

¡Basta ya!

Lo sórdido invade sus vidas como un pudor invertido *(in his own words)*.

Estos seres tan decadentes deben desaparecer de mi presencia para siempre. ¿Qué he hecho yo al Cielo para merecer semejante castigo?

«De su boca surgió una espada de acero. Y la cólera de Dios fue como el vino pisoteado.»

Y pensar que tengo que dejarme asistir (hasta que retornen mis ángeles de pureza) e incluso lavar y limpiar por estas panteras de lujuria y de abyección.

«¿Sus ojos? Son una llama ardiente...»

* * *

Abel me murmura sus eternas declaraciones de amor. Como si pudiera oírle. Y como si, en el supuesto de que le oyera, pudiera creerle. Mientras sus amigos se atenazan y soban como pulpos. ¿Qué sentido puedo dar a las palabras de un sodomita? Y, además, en estas circunstancias.

Qué pesadez...

Sigue susurrando:

«Le quiero.» (¡Soy yo la víctima!) «Sueño con otro universo... como imagen invertida del que crean esta noche mis amigos.»

No puede abandonar la idea de inversión, ni siquiera cuando pretende quererme.

Y a *mis* años me canta... *Baby, baby, goodbye.*

El orden moral es la ¡recta! disposición de nuestro quehacer encaminado a la glorificación del Divino Hacedor.

Sus amigos forman un corro como una refriega de rugby. Con qué lubricidad se penetran todos revueltos como gusanos negros. Qué náusea me producen.

Y Abel me administra su cháchara romántica como si realmente me quisiera:

«Usted no puede ni verme ni oírme. ¡Qué pena! Mi relación con usted se ha encaramado al amor, con ¡tanta felicidad! Todo lo asocio a mi sentimiento. Es usted el modelo del alma invitada a amar.»

Pero será cochino el... paloma ese. (Que el Señor le perdone, y a mí también por no saber dominar mi rabia.) ¿Qué sabe de amor? ¿No oye los alaridos infrahumanos que lanzan sus compinches de orgía? Al hablarme de amor lo que hace es mancillarlo.

¡Qué bizantino... arruinado!

Me habla al oído mientras el *loft* se ha convertido en antro de cucarachas en celo.

Ignora lo que sabe Virginia (y también Sofía)

instintivamente: que el alma está separada del cuerpo. Pero que ambos son sagrados. Por eso el cuerpo no puede ser instrumento de transgresión. El espíritu es una milagrosa creación divina. Emana de Dios y lo refleja. Participa directa y espontáneamente de su esencia.

Los amigos de Abel no respetan los cuerpos de los demás. Y por ello no respetan su propio cuerpo.

Respiran entrecortadamente como asmáticos. Resuellan como hipopótamos. Que Dios con su eterna generosidad les perdone.

«Oh terrible dolor... Inmensa ciudad lujuriosa... tan sólo una hora fue suficiente para consumir tu ruina.»

* * *

They suffered in ways anybody can't imagine. A pesar de mis esfuerzos no puedo cesar de verlos y oírlos. Y especialmente a ese memo cursilón de Abel (¡que Dios le ampare!). No para de contarme ordinarieces que me traen sin cuidado o que me repelen.

«Viéndole a usted imagino lo que fue el amor cortés.»

Pero ¿cuándo va a callarse?

«Me emociona amarle, a... un paralítico. El amor ya no es para mí un impulso irresistible, sino un ideal. Gracias a usted aprendo a amar al amor.»

Podía haber dicho estas lindezas a su amigo Lucifer. ¡Menudo proxeneta! Acaba de vender...

Sí

¡de vender!

Cuando lo pienso... De vender su «esclavo» a ese viejo obeso con largos mechones blancos en torno a su calva esférica. Un individuo más malvado aún que el propio Lucifer. Los dos forman la hez de la Humanidad. Y Lucifer, por si fuera poco, obliga al «esclavo» a dar vueltas al *loft* caminando cabizbajo. No veo qué interés le saca a semejante aberración.

Ese viejo obeso lleva, como trofeo de guerrero pocho, una fusta en la mano derecha y en la izquierda la extremidad de varias cadenas. Le ha puesto a su nuevo «esclavo» cinco argollas que agarrotan su cuello, las muñecas y los tobillos.

Y mientras tanto la policía tan tranquila sin venir a detener a esa pandilla de sapos malolientes.

El estado debería de velar por la conservación de la moralidad. Castigando y persiguiendo a los transgresores y poniendo frenos a la difusión o excitación de las pasiones desatadas. La inmoralidad pone en peligro la existencia misma de la sociedad.

Pienso intensamente en Virginia (y en Sofía) para no mirar lo que mis ojos ven ni escuchar lo que mis oídos oyen.

Pero Abel no cesa de murmurarme sandeces de chihuahua meloso. En verdad, para mí, allí donde no está... brota la felicidad.

Virginia sabe lo que él ignora: que la belleza del alma es más preciosa que la del cuerpo. Que toda criatura divina inmergida en el océano de la belleza engendra los discursos más bellos. Que el amor de un cuerpo hermoso conduce al amor de la belleza en sí. Belleza coronada por la hermosura del alma.

¡Con qué impaciencia espero a que vuelva Virginia!

¡Cómo necesito su presencia, y sus cuidados! (Y también los de Sofía.)

En este despilfarro de vicio, en realidad reina un guirigay de entierro. Como si la muerte lo rodeara.

«Dios mío bendigo tu nombre, Tú que creas las nubes del firmamento y los rayos de la lluvia.»

*   *   *

Si no fuera tan creyente pensaría que Dios se ha vuelto loco. *Because,* como dice la publicidad, *water is boring and you're not.*

Qué asco me da el viejo obeso. Está maquillado, como la peor mujer, ¡a partir de su calvorota! Cubre su cuerpo desnudo con un tul transparentísimo de color malva. Y por lo visto no le basta con el «esclavo» que «le ha comprado» a esa acémila de Lucifer. Otro adolescente que parece extraído de un volcán (como si una costra de lava rebozara su cuerpo desnudo) le besa en la boca.

Abel me besa también. Felizmente, sólo en la

frente. Me gustaría de un cabezazo enviarle al quinto pino. ¡¿Qué cosas digo, Señor mío?! Le aborrezco... Pero yo me he fijado una norma muy diferente a la de ellos: amar al prójimo como a mí mismo.

Abel me besa de nuevo. Qué descarado y aprovechón. Y se atreve a decirme: «Gracias al amor que le tengo ya no estoy abocado al suplicio de la carne.» Tengo que ser paciente con esta jirafa... ¡invertida!

La gracia del Señor sea conmigo.

Me habla de misticismo ¡un miserable tanguista arrabalero y ateo como él! Qué desfachatez:

«Imagina este místico que Dios va mirando los horrores de la Tierra. Pero "con su sola figura, vestidos los dejó de su hermosura".»

Ni sabe ni entiende lo que dice. ¡Si San Juan de la Cruz se levantara!

Mientras tanto, ese viejo gorila obeso y calvón, que es la fealdad espiritual personificada, habla a todos

con solemnidad. Habráse visto.

Pero no puede alzar la voz (¡como Lucifer!). No le queda:

«Un rey obligaba a sus hijas a prostituirse una vez en su vida. Hoy todos nosotros, mis jóvenes cachorros, seremos hijas del rey.»

¡Y han aplaudido!

¡They have chefs and private shoppers!

Pero... ¿se han dado cuenta del alcance de estas palabras?

Señor ¡perdónales porque no saben lo que hacen!

«...y les lanzó vivos al estanque de fuego y azufre».

* * *

Ojalá la bondad o la pureza pudiera verterse de un alma a otra. Como el zumo de un fruto pasa de una jarra a un vaso a través de un retal de tela.

Virginia (y Sofía) con su presencia podrían regenerar a estos vándalos.

Pienso en ellas. A pesar de estar paralítico siento el palpitar de mi corazón. Con más frenesí que el de los saltarines.

De pensar en ellas...

¿Estoy... derramando

... lágrimas?

«Amor mío ¿está llorando usted? Le conmuevo con mi amor?»

Pero ¿qué se ha creído esa cucaracha pestilente... esta burra gamberra... esa hetaira con patas? ¿Que voy a llorar por él?

«Le voy a enjugar las lágrimas.»

¡Me las está lamiendo!

Cuando Virginia me limpiaba, al despertarme, las inmundicias formadas en torno a los ojos (mientras Sofía me ayudaba a orinar con su propia boca) ¡cuán diferente era! El contacto de su purísima lengua era ¡tan caritativo! No puedo olvidarla. Cada minuto que pasa vive más cerca de mi recuerdo. Y su hermana también.

¡Señor, eres el Alfa y el Omega, el principio y el fin de mi existencia!

¡No me abandones durante esta bacanal de cochinera!

Tengo que soportar esta sociedad en ruinas... que con tanto horror he contemplado durante años. ¡*Come on down to our world!*

«Líbrame de la boca de aquellos que hablan de nadas y de perjurios. Sálvame de la espada del mal.»

*   *   *

Sigue y no para esta maldita orgía satánica, esta jauría de camellas locas.

Dios les castigará, el día del juicio final, con el fuego eterno del infierno. Desearán acabar con la vida... pero la muerte huirá de ellos.

Gozan revolcándose como ratas en la alcantarilla.

Todos son hombres o deberían serlo, pero se comportan como nerones:

como caballos junto a yeguas presas de furor uterino,

o como yeguas junto a caballos en celo. Qué vergüenza y qué envilecimiento.

Dicen que gozan... Pero yo diría: como leprosos revolcados entre ortigas...

Los orificios que el Señor con su infinita benevolencia ha creado para fines naturales son penetrados como puertas sin cancelas.

Todos ceden a la tentación más bestial y facinerosa. La ceban de la forma más animal o con refinamientos babilónicos. No saben, por lo visto, cómo se vengó el Señor en Sodoma y Gomorra.

Han roto con la función divina e incluso social del respeto al prójimo. Sólo les guía la brújula del placer. Y luego serán capaces de definirse como seres humanos.

Sus vidas son una eterna blasfemia. El Supremo Hacedor, infinitamente perfecto, desea que el mundo conserve el orden moral, su ley eterna. Nos ha dado la inclinación innata hacia el bien; a la que corresponde, en nuestro entendimiento, la aptitud para conocer su voluntad divina.

Pero ellos, como si Dios no existiera y el ser humano no tuviera alma, se sumergen en todos los vicios o en todas las humillaciones. Desbarran... infectados por el pecado contranatura, como lo llamaron, rectamente, nuestros mayores.

Al pie del abismo la perversión triunfante se disgrega como escombros de porcelana.

Lo único que no desentona con sus naturalezas degeneradas, en verdad, es la infamia. (*¡Love... no evil! ¡Our best friend is a salamander!*)

Lucifer azota con una fusta a otro degenerado con el trasero al aire sobre la mesa. Mientras otro insensato (¡vacuno!) le mete en lo más letrinesco del trasero su lengua punzante.

Gracias al fuego del castigo conseguirán arrepentirse de sus monstruosos pecados. Pero entonces ya será demasiado tarde. Pedirán al Diablo la muerte, pero seguirán sufriendo durante la eternidad.

«Fueron matados horrorosamente y los pájaros se saciaron con sus carnes.»

*　*　*

Lo que da valor a mi vida es la contemplación de la belleza y la bondad.

¡No quiero ver ni oír la borrasca desenfrenada de estos cocodrilos invertidos y cubiertos de substancias fecales!

Enriquecí mi existencia no sólo contemplando sino admirando la piedad de Virginia (y de Sofía).

¿Qué valen los placeres de la carne, del dinero, o del triunfo social?... Pasaría la vida junto a ella (a ellas) privándome de comer y beber. Absorto por la contemplación de su belleza espiritual.

Dios me alumbra y reina en mi corazón. A pesar del aquelarre mugriento que me rodea.

«Canto, Señor, al son del arpa...»

*　*　*

«Amor mío.»

¿Por qué sigue recitándome sus estulticias este bípedo ¡hembra! si cree que no oigo?

«Cómo me gustaría que... fuera usted consciente, que... pudiera verme y oírme. Pero, al mismo tiempo, debo confesarle que paralítico es usted un poquitín más mío. No se me puede escapar.»

Está claro: se aprovecha de mí.

En medio del frenesí lujurioso de sus amigos recita su jadeante mensaje... *a free reign of terror:*

«Una cortesana (como yo) lloraba todos los días hasta empapar completamente su túnica. Quería ser la amante y la favorita del Príncipe. (Como yo quisiera ser la suya.) Cuando por fin lo consiguió se preguntó: ¿He llorado dormida? Al despertar comprendió... ¡la vida es sueño!»

Me molesta tanto oírle que preferiría que se restregara lejos de mí con los otros escarabajos peloteros del zoo.

«Pero no puedo despertarme de mi sueño porque usted no se curará nunca de su accidente.»

Eso es lo que él quiere. Pero sanaré... me recuperaré y andaré como los demás. Un día el Señor me dirá:

«Levántate y anda.»

«¡Qué mal le trataron a usted sus antiguas enfermeras, Sofía y Virginia. Y sobre todo "sus mandos". Yo no soy como ellas. El programa informático secreto del Departamento de Investigación me importa un rábano. Sólo usted me interesa, amor mío. Le quiero más que a mi sangre.»

¿Mis «antiguas enfermeras»? ¿Y... «sus mandos»?

¿Pero qué dice este... escatófilo?

¿Por qué inventa tan monstruosas calumnias sobre Virginia y Sofía?

Está delirando.

Tiene celos.

El amor que pretende tener por mí se le ha subido a la cabeza.

Ambiciona vivir «¡intensamente cueste lo que cueste... *I'm comfortable in life*!». Le va a costar, en verdad, su alma.

Los calumniadores y los sodomitas sufrirán las siete plagas. En ellas será consumada la ira de Dios.

«La más horrorosa de las enfermedades te contagiará y te vaciará de tus propias entrañas.»

* * *

¿Me he desmayado a pesar del bullicio?

¿Durante cuánto tiempo?

La culpa la tiene Abel. Cuando me dijo la mentira (¡la calumnia!) sobre Sofía y Virginia, sentí como un electrochoque, en fin, lo que imagino que es un electrochoque.

¿Cómo fui tan necio como para creerle? Se ha inventado ese embuste por puros celos.

Si supiera que ellas y yo nos vamos a casar en cuanto vuelvan, ¿qué mentiras no inventaría?

La zarabanda continúa en el *loft*.

¡Qué siniestra monotonía genera el placer sexual y sus aberraciones!

Los apetitos más voraces y degradantes brotan como enfermedades. Son debilidades, dimisiones y vértigos en los que no sucumbiría jamás un hombre de bien como yo. Con la ayuda de Nuestro Señor.

La razón debería dictar a los pecadores los imperativos del deber moral no como un medio, sino como un fin dotado de valor absoluto. Pero ¡ya están perdidos!

A pesar de todo estoy abrumado. ¡Qué dolor tan hondo me ha causado este calumniador con su patraña!

«Virginia, te quiero y nos casaremos.»

Te doy gracias, Dios Todopoderoso, por haberla creado para mí por los siglos de los siglos.

«No podrá confundirme el adversario, ni el perverso agobiarme. Me he unido a ella con los santos óleos.»

* * *

Se han puesto a contar cochinadas bebiendo la *«love potion»*.

El viejo obeso y salvaje dice:

«Somos los mirones de nuestros desenfrenos pasados. Qué buena idea la de contar con detalles nuestros sueños más pornográficos.»

Abel me murmura al oído:

«Yo también me ilusiono con lo que usted y yo podríamos realizar juntos. En ciertas tribus el brujo sodomiza a los adolescentes para fertilizar la tierra. Cómo me gustaría ser adolescente y que usted fuera mi brujo.»

Sólo piensa en guarradas de escarbadero, y luego dice que me quiere. No sabe ni por asomo lo que es el amor.

«Hay un modelo femenino utópico que me hechiza. ¡Cómo me gustaría vivirlo con usted: Ser su amante esclavizada que le amara sin placer al tiempo que usted gozara de mi cuerpo despreciándome.»

¿Cómo puede tener la cabeza tan retorcida para imaginar parecida aberración? ¿Cómo puede suponer que existan mujeres tan tortuosas y malsanas?

Si pudiera hablar le preguntaría a Abel y a todas las mulas de noria que están contando barbaridades sobre la fornicación:

«¿Qué opinarían de un ser que pudiera contemplar la pura belleza por amor?»

«¿De alguien que la contemplara sin lujuria, sin vanidad, sin pompas, sin todo lo que es superfluo o perecedero?»

«El que así amara
(sin revolcarse en el vicio como ustedes)
¿no creen que sería feliz?»

«La gracia y la paz del alma las multiplica el sentimiento del amor.»

El Señor dijo:

«El que parezca formal que se vuelva loco para ser cuerdo.»

Y yo me volveré loco de amor por Virginia. ¡Aleluya!

* * *

El viejo obeso ¡de establo! pide a todos que insulten y escupan al «esclavo» que ha comprado a Lucifer. Al pobre desgraciado le han amarrado a punto de llorar.

Lucifer le dice al viejo:

«Prohíbele que llore.»

«Voy a marcarle mi nombre en el culo, en la nalga derecha, con este hierro candente.»

«¡Xenius... xenie! Así quedará probado que te lo he vendido. El dolor le espanta, el dolor y sobre todo el fuego.»

«Pero a mí marcar a un tío es lo que más me excita. Mientras le queme al rojo vivo se la meteré para que me la mame.»

... Y el «esclavo», de rodillas, complaciente y desnudo

¡ha abierto la boca!

¡Qué tristeza!

¡Son un hatajo de gamberros y sapos! ¡Y además toman ¡*Viagra (sildenafil citrate) tablets!*

Con el dolor se precipitan en lo más abyecto del

vicio animal. (¡Y que los animales me perdonen!)

Permanecen insensibles a la realidad y la pureza. Han dado un salto hacia la otra fase de lo visible: a la parte controlada por el diablo.

«Obra con arreglo a máximas que puedan ser erigidas en leyes universales.»

Ellos, por el contrario, actúan con arreglo a consignas de transgresión que pueden ser erigidas en escándalo de la humanidad.

¡Cómo grita este pobre «esclavo» mientras el viejo le marca!

Su carne chamuscada y su cuerpo disgregado por la tortura... ¡qué espectáculo!

¡Pobre ser!

Encadenado al ronco infinito de las tinieblas.

Y mientras tanto Lucifer goza como toda una yeguada...

«Acecha como un león en su madriguera y asesina en secreto.»

*   *   *

Cuando me case con Virginia

(o con Sofía)

alcanzaré el mayor anhelo del alma: el de engendrar belleza, ¡el de procrear! Todo lo que no pueden hacer dos hombres juntos como estos antrópodos de bacanal.

Y los pedófilos ¡peor aún!

Se imaginan que con niños... ¡se pueden hacer niños!

Los sodomitas sólo paren... sufrimiento y vicio.

Y repiten estúpidamente como necróforos de *Times Square*:

«*Let the dance begin.*»

Veo al «esclavo» descompuesto por la tortura. El *loft* huele a matanza de cerdo. Por la quemazón de carne ¡humana!

¡Cómo se envilecen y se humillan!

El horror espiritual ni puede ni debe fascinar. Quisiera que supieran que la ternura y la bondad se alzan en los antípodas del placer sexual.

¡Otra vez Abel!

¡Y susurrándome cursilerías de parásito!:

«Junto a usted planeo entre nubes.»

¿No puede olvidarme?

«Cómo me gustaría besarle... si un día se cura definitivamente. Y sentir en mi barba sus cojones cuando descargue en mi boca... Aunque me conformaría con lo que quisiera darme. Le quiero sin necesidad de nada.»

Me irrita aún más con sus palabritas de amor. Si al menos se callara.

Todos sus amigos están tan enardecidos con los gritos y llantos del «esclavo» que se encaraman unos sobre otros.

Aborrecen todo lo que es normal y sano, odian la Naturaleza. Reflejan la reverberación negra del infierno. No saben lo que es la prudencia. Dios les castigará:

«Si profanan mis preceptos y no cumplen mis mandamientos, con azotes visitaré sus pecados.»

*　*　*

Virginia y yo seremos fecundos
(y Sofía también).
¡Espiritualmente! ¡Y sin necesidad de *Pfizer Inc., U.S. Pharmaceuticals*!
Una pareja de sodomitas ¡de jaula! no puede reproducirse porque son dos hombres... pero sobre todo porque sólo les inspiran la fealdad espiritual y el vicio.
Pensando en Virginia
(y también en Sofía)
comprendo mejor que nunca el objetivo del amor: procrear belleza y bondad para llegar a ser inmortal.
Estos híbridos venenosos, ¡estos invertidos de cuerpo y alma!, sólo desean penetrar la armonía del cuerpo y la ternura del espíritu con la inmundicia enhiesta. Para ellos la inmortalidad (pervivir en otro ser) no es la razón del amor. ¡Sino todo lo contrario! Por eso se pasan el día intercambiándose en plena promiscuidad satánica.
La voluntad libre y razonable es un fin y no un medio. La acción moral hace dignos de verdadera felicidad... a todos los justos.

A Virginia y a mí no nos vencerá el mal, con el bien lo derrotaremos.

Gracias a Dios:

«Antes de que sean creados las montañas, la tierra y el mundo, desde siempre a siempre Tú eres Dios.»

*   *   *

«No me turba ni me indigna que todos sepan que estoy enamorado de usted, de un paralítico. Yo sí quisiera ser su esclavo ¡marcado!... que al fin saliera una voz de su boca para darme órdenes... y que usted oyera mis declaraciones de amor.»

Si yo pudiera hablar, le diría algo muy diferente a este Abel, que se las da de enamorado de mí, por ejemplo:

«Usted que es un fenómeno de feria, un medio hombre hematozoario... si fuera un hombre de verdad honraría al amor. Yo pensando en Virginia venero cuanto a ella se refiere. De esta veneración hago un culto. Pero usted está tan infectado por el Mal que no puede comprender lo que le digo.»

Sobre su pecho desnudo se ha escrito mi nombre con lápiz de labios. ¡Lo que faltaba! *¡To have, and have a lot!*

Qué aborrecimiento me provocan todos esos invertidos de vivario.

Imaginan frutos prohibidos que nadie ha probado.

Ese manso rampante se ha dejado atar sobre la mesa baja de la cocina. Sus puños, tobillos y cuello están reunidos y atados por una soga. Y sus ojos tapados con un retal negro. Su cabeza, desde el borde de la mesa, cae, ofrendando su boca a todos. Al pasar a su lado los peores energúmenos le introducen su órgano. Sus asentaderas se ofrecen, alzadas por el otro lado. Las alimañas se sirven de ellas como los legionarios más infames. Es tan degenerado que hasta es posible que le complazca saber que cualquier invitado le puede azotar, escupir, abofetear y penetrar por detrás y por la boca. Anónimamente. Le gusta, seguramente, estar tirado sobre la mesa como un odre olvidado en el que pueden saciar sus más bajos apetitos los seres más desalmados de este criadero de culebras.

Con sus carnes sirven la ley del pecado.

Gracias le doy al Señor por permitirme servir su ley divina.

«Cantaré mi amor por Ti acompañado por la lira de diez cuerdas, la ocarina y los suspiros del arpa.»

* * *

Es el mundo al revés... un pecador insensible al arrepentimiento como este Abel... durante un contubernio infernal entre cuadrúpedos ¡hablándome de amor!:

«No sé como decírselo... a usted que no me

puede oír. Estoy como el preso mordido por una enfermedad incurable y que no quiere hablar a nadie de su dolor. Me siento mordido por algo más doloroso y en el sitio más sensible. Cómo puedo llamarlo: ¿Corazón? ¿Espíritu? ¿Alma?»

Al diablo le gusta disfrazarse de ángel. Es su *erectile dysfunction,* como dirían estos mariquitas.

Virginia vivirá conmigo otra clase de amor. El más prudente y el más valiente, el más fiel y el más misericordioso, el más dulce y el más sincero, el más puro y el más luminoso, el más justo y el más generoso.

Un amor sin celos. Un amor que vivificará nuestro cuerpo mortal gracias al espíritu que mora en nosotros dos.

Juntos rezaremos:

«La dulzura del Señor sea con nosotros.»

* * *

El Señor ha dicho:

«Habéis oído "ama a tu prójimo y odia al enemigo" pero yo os digo "ama a tus enemigos, haz el bien a los que te odian, reza por los que te persiguen".»

Pero viendo lo que estoy viendo en esta orgía, cuán difícil me resulta cumplir la norma divina.

Este rebaño cerdeado (este corro... que Dios me perdone) se ha dividido en dos grupos. Cada uno representa su papel.

La minoría la forman los pederastas más predadores: los que mandan. Se hacen llamar «guerreros». No sugieren o proponen, sino que ordenan. Pero siempre lo peor y lo más obsceno. Son bicharracos (como el viejo obeso o Lucifer) que castigan despiadadamente. Ejercen el poder inmediato. Disciplinan y torturan.

El segundo grupo lo forma la masa obediente y disciplinada de ¡vacunos!: los «servidores». Dependen de los antojos, furores, caprichos o arrebatos de los «guerreros».

Ni siquiera en las hordas visigodas o en los *marines* se pudo ver obediencia tan instantánea y castigos tan inhumanos. *¡What every gay should know!*, dice Lucifer.

Se diría que los «servidores» quisieran gritar: «Nacimos para ser esqueletos.»

Los «guerreros» someten a los «servidores» gracias a una estrategia salvaje. Les avasallan y torturan exigiéndoles una sumisión sin límites.

—«Tienes que vivir según mis reglas de la forma más estricta. Te he conquistado. ¿Me oyes?»

—«No me hagas daño. No lo puedo soportar.»

—«Vas a soportarlo todo. Tu culo, tu polla, tus cojones, tu boca me pertenecen. Son mi propiedad. Y todo tu cuerpo también. A partir de ahora te vas a abstener de tomar cualquier iniciativa. Y vas a aceptar todos mis caprichos.»

—«Por favor, no me hagas sangrar, no me hieras.»

—«Te voy a entrenar para que automáticamente respondas a todos mis antojos como la peor puta. Y te voy a hacer sangrar. Con esta navaja.»

Me escandaliza tener que oír estas groserías.

Virginia sí que está herida sin necesidad de navaja

... herida de amor.

Como Sofía

y como yo.

Con la flecha más afilada y espiritual.

Virginia me ofrece de la forma más pura su juventud y su belleza. Los medios más maravillosos para complacer mi voluntad. ¡Qué feliz me hará!

Gracias a mi conciencia percibo experimentalmente un fin superior al del instinto, mientras que con la voluntad me encamino a él.

El salario del pecado es la muerte y el del amor la vida eterna. Con ella.

¡Virginia!

«El justo nacerá como una palmera y crecerá como un cedro del Líbano.»

* * *

Lucifer le pregunta a uno de sus «servidores»:

«¿Quién te domó durante la última *party*?»

Qué cursi... llama a una orgía «*party*»

No oigo lo que responde el «servidor». Habla muy bajo:

—«¿Cuánto eres capaz de sufrir para que yo goce?»

...

—«¿A qué torturas te han sometido la última vez que viniste?

...

—«Te pregunto esto para conocer tus... "orígenes"... tu curriculum de torturas. Te voy a profanar y atropellar. Mucho peor que nunca nadie lo hizo contigo. Quiero llevarte a tu punto de ruptura.»

...

Un grupo ¡de carniceros! rodea a los dos.

El «servidor» no puede estar más sometido.

Llora.

Para domar su aflicción retorna a sus gestos más humildes y viles.

«*Only you can prescribe the appopriate treatment*», gime.

Los otros «guerreros» ¡cómo participan en la caza acosando a la víctima! Se aprovechan por la fuerza. ¡Son potras calientes! Cómo ahondan y ensanchan las fisuras del pobre desgraciado.

La iniciativa de los peores abusos sigue entre las manos de Lucifer:

«¿Te he roto toda resistencia?»

No oigo lo que para asentir responde el «servidor».

La piedad, la belleza, la verdad y la auténtica felicidad se consumen como afanes imposibles de esta panda de sabandijas.

Ignoran que por Dios y en Él son todas las cosas durante toda la eternidad.

* * *

Ya sólo se relacionan por la violencia. Como si toda forma de ternura o de simple afecto estuviera prohibida.

El «esclavo» se está muriendo de sed.

Le pide a su «nuevo amo» que le permita beber.

El viejo obeso responde metiéndole una cucharada de sal en la boca.

¡Qué suerte tiene de que yo esté paralítico!: Le hubiera machacado a esta res tripuda y sádica.

El «esclavo» ahora le suplica que le deje orinar.

Para «aliviarle» el viejo obeso ¡exterminador! le ata aún más fuertemente el miembro con una cuerda para que no pueda hacerlo.

Abel está cada vez más pegajoso. Huele a esfínter que tira para atrás. Me dice:

«Yo también quisiera obedecerle, sufrir por usted. Mostrarle con mi don que le amo locamente.»

No me va a dejar en paz.

Se diría que él y sus amigos prefieren servir a dominar.

Esta orgía se convierte en un antro, ¡en un abrevadero! de caínes y ovejas.

Lucifer la emprende ahora con otro «servidor».

Le abofetea.

Le escupe.

«Ponte de rodillas, puta.»

Y se pone de rodillas... un hombre que parecía tan fino y tan viril. Es otra prostituta como los demás. Como le ha llamado precisamente Lucifer:

«Vas a obedecerme, mamadora.»

Le cruza la cara.

Le escupe de nuevo.

«A partir de este instante voy a controlar y regir de forma rigurosa tu respiración, y tu manera de mirar, y de moverte.»

¡Y el otro acepta! como la cosa más normal. ¡Qué atrocidad!

Todo esto yo ya lo veía venir. Desde que comenzaron las locutoras de *ABC*

¡e incluso las de *PNB*!

a presentar programas

¡para niños!

enseñando todas las piernas... Proliferaron los *sex-shop and the sexual activity*. Y para mayor inri junto a colegios de párvulos. Yo mismo, a mi edad, pasando por uno de esos tugurios quedé traumatizado.

Como hoy con este sub-tipo de depravados estercoleros.

La experiencia ha mostrado que con tanta tolerancia la inmoralidad se ha propagado. Comprometiendo ya

¡definitivamente!

el porvenir espiritual de la humanidad.

«Te voy a domar. Vas a mover tu lengua y tu culo exactamente como yo quiera. Y tu boca, y tus manos. De manera que pronto tus gestos automáticamente estarán al servicio de mi placer. Eres mi yegua lúbrica sometida. Mi objeto sexual.»

¡El «servidor» ya ha aprendido la jerigonza de estos infames! Me ha parecido oírle decir: «Sí, Señor». ¡Qué estupidez tan barriobajera!, llamar «Señor» a un compinche de bacanal.

Su pensamiento ya fluye como un río a los pies de Lucifer.

«Abre la boca...

¡Más aún!...

Y pónmela a tiro.»

Le está orinando.

¡Habráse visto!

Rezo:

«Eres, Señor, más soberbio y maravilloso que las aguas innumerables y que la resaca del mar.»

* * *

Abel frota sus labios contra los míos. No sé cuál es la razón terapéutica de hacerlo. Supongo que habrán quedado algunas migajas en la comisura de mi boca. Veo sus ojos junto a los míos:

«Si estuviera usted consciente yo le daría asco. Estoy seguro. Gracias a su parálisis le rodea una barrera infranqueable. Puedo gracias a ella gozar de su incomunicación.»

Va a terminar por darse cuenta de que a pesar de la inmovilidad de mis ojos ¡le estoy viendo!

... ¡Y me dice!:

«¿Sabe qué pienso? Pienso que... a lo mejor me puede ver y oír... O que por lo menos un día, cuando despierte del accidente, podrá recordar lo que le estoy diciendo.»

Es insoportable sentir su mirada fija sobre la mía, tan cerca de mis ojos.

«Es usted el único ser que ha conseguido conmoverme de esta manera.»

¿Qué ¡muladas! homosexuales entenderá por conmociones?

«Junto a usted me voy mejorando.»

¿¡Mejorando!?

Mientras asiste tan tranquilo

(aunque por lo menos sin participar)

a semejante orgía de gañanes. En la cual sus amigos se fornican y martirizan de la manera más bestial, como serpientes y palomos.

No quiero ni oír ni ver a Abel. ¡Que no para!:

«Nadie en mi vida me ha llevado en andas y volandas del amor como usted me lleva.»

Cómo desearía que mis pestañas me obedecieran.

¡Y cerrarlas!

A Abel, recluido en su jaula como un grillo, le

rodean una serie de elementos en el límite de la descomposición. Ni se pregunta: *¿Going too far?*

Cuando me case con Virginia

(o con Sofía)

no le negaré nada. No podré y no querré. Anhelo unirme a ella ¡ya! para que seamos los dos

(los tres)

aún más hermosos espiritualmente. Nuestra ley será forjada por el conocimiento y el rechazo del pecado.

Qué razón tiene Virginia de amarme. Al unirse a mí permuta su bondad y la belleza de su alma con la mía. Cuánto gana en el cambio. No porque la mía sea mejor que la suya, sino que por edad y por experiencia masculina puedo aportarle mucho más de lo que ella me aporta.

¡Qué molesto es sentir la mejilla de Abel contra la mía!:

«Estando con usted transformo el cobre en oro. Trueco la apariencia del amor por el verdadero amor. Pero yo soy menos que cobre, amor mío. Yo no valgo nada.»

Se ve resbalando del vientre de su madre hacia las tinieblas.

Lo que debería hacer es adorar a Dios:

«Entra y arrodíllate delante de tu Dios que te ha creado.»

* * *

Ya está otra vez Lucifer, emberrenchinado. No cesa de martirizar a su pobre «servidor».

«Tienes que aceptar sin rechistar las torturas que te inflijo.»

Pero el «servidor»... «rechista»

¿y cómo no iba a hacerlo?:

Lucifer le taladra con un hierro candente un agujero en una tetilla.

«Te prohíbo que manifiestes tu sufrimiento.»

Le pasa una argolla por el pezón.

«Te exijo que creas que mereces tu martirio. Y te prohíbo que imagines que cometo contigo una injusticia.»

La víctima le besa la mano.

«Tienes que sentir como una evidencia inscrita en tu mente que deseas tus propios tormentos. Por una razón: porque sabes que me excitan... y me la ponen durísima.»

«Excitan», ha dicho. Y tiene razón. Nunca he visto nada tan morboso.

Tengo la impresión de haber nacido con retraso con relación a mí mismo.

El desenfreno de la sociedad tenía que llevar a esta podredumbre.

Uno de ellos sentencia: *People just got bored of doom and gloom so they decided to do something interesting again.* Se comenzó con el espectáculo bochornoso de la difusión de preservativos (¡un invento de los fabricantes!) y se terminará matando y devorando la carne del prójimo. Para, como dicen ahora, «gozar intensamente...».

«Intensamente»...

sí, bajo las siete plagas.

«El Señor, Todopoderoso, les castigará. Y llorarán de dolor eternamente.»

Cada vez piden más y cada vez quieren ir más lejos... hacia el Infierno. ¡Para no sentirse «frustrados»!

Todo terminará como está escrito. Con la llegada del ángel con su espada de fuego, destruyéndolo todo:

«Y entonces llovió granizo y fuego mezclados con sangre. Qué desgraciados serán los habitantes de la Tierra.»

* * *

Esta escandalera del *loft* me aturde.

Necesito la presencia de Virginia. ¡Cuánto tarda en volver! Cómo quisiera verla aparecer de nuevo.

¿Dónde te has ido, amada mía, «la más hermosa de todas las mujeres»?

«Las vigas de tu casa serán de cedro y tus artesonados de ciprés.»

Los ojos de su espíritu son pura inocencia. Pero a causa de su juventud no tiene mi experiencia. No puede distinguir con claridad la belleza del amor.

Pronto crecerá en la gracia y el conocimiento del Señor.

Me gustaría ofrecerle una prueba de mi amor. Como la de reconocer ante ella humildemente: «¡cuidado! no vaya a equivocarse acerca de lo que valgo»...

«Porque tú (y no yo) eres luminosa como el alba, hermosa como la Luna y radiante como el Sol.»

Qué pena que mi santa madre haya muerto. Cuánto me hubiera complacido que...

«... la coronara con jazmín el día de nuestra boda.»

* * *

Estos leptorrinos invertidos cuanto más insulsos son más les da por inventar vicios y aberraciones. No conocen ni la razón especulativa ni la razón práctica. Ni las normas éticas que guían nuestro espíritu para producir certeza, ni los preceptos que se imponen a nuestra voluntad para alcanzar este fin.

Lo más protozoario de sus propias carnes encierra para ellos ¡tanta inspiración!: ... *the effect on the gay's psyche is still tangible.*

El nuevo «servidor» de Lucifer no sólo se deja pisotear la dignidad sino que le ha entregado a su amo su propia vida.

En realidad, Lucifer o el viejo obeso hemorroidico podrían matar a sus siervos.

Y a eso llegarán un día.

Por puro vicio.

«Te prohíbo que me mires.»

La víctima, cabizbajo, aguanta obediente la furia de Lucifer.

«Quiero que me obedezcas. Como un cadáver.»

Ya lo decía yo. La muerte ronda estas volterianas fiestas.

«Te voy a despojar también de tu alma. Confiesa a todos, públicamente, que tu alma es propiedad mía intransferible.»

Y repite esta abyecta declaración como un autómata.

Es un autómata.

Un hircocerdo.

Supuse que tenía un alma. Sólo es una coma de pared de retrete.

«A partir de ahora no te voy a hablar. Te voy a dar patadas.»

Le ha dado una patada donde más le duele.

«Y tendrás que interpretar correctamente mis golpes.»

¡Será bestia!

«Vas a errar abandonando toda esperanza.»

El «servidor» llora.

«Eso es, llora más aún. ¡Cómo me excitas!»

La víctima llora desconsoladamente y casi con sobresaltos.

«Con tus lágrimas y tu saliva lámeme aquí.»

Y le da la espalda...

Sí, Dios les castigará. Como castigó a Baal en Babilonia.

*   *   *

Virginia,

«esposa mía,
te amo...
Eres como un manzano entre los árboles silvestres,
como lirio entre espinas...
Eres hermosa y suave...
nuestro lecho será de flores».

*   *   *

Lucifer no deja ni un sólo instante en paz a su nuevo «servidor»:

«Lámeme los pies. Que te vea tu novio. Con el que has venido. Que sepa cómo te esclavizas por mí.»

A gatas, se humilla.

«Así, con tu pompis de tía al aire, me ha dado un antojo. Te voy a meter el puño por el ojo del culo.»

La víctima protesta... levísimamente.

Ha dicho algo... como si se negara.

«¿Nunca has podido soportarlo? ¡Mejor aún! Pero esta vez te lo vas a tragar. Entero. Y vas a pedir suplemento.»

Se está untando el puño con el sebo (¿o es grasa?) de una lata. ¡«*Frisco» of Max Mara!*, eso dice la etiqueta.

Y el viejo calvo de hocico, panza y garra... engrasa y aceita el trasero de la víctima.

Los demás forman un corro en torno a los tres.

Perciben que cada misterio se añade a otro misterio y que todos unidos forman la puerta del infierno.

El «servidor» llora.

Se ha tumbado, acurrucado en ovillo, pero ofreciendo de lado sus posaderas.

«Te lo vas a tragar por el culo y sin llorar. Toda experiencia es dolor. Vas a perder la virginidad que te faltaba. Con tu novio sólo jugabais a meneárosla, ahora vas a conocer el puño de un hombre en tus entrañas.»

Ha dicho que toda experiencia es dolor. Y es verdad, cuando la experiencia es inmoral. Pero no cuando es espiritual.

Aquí, en este *loft*, los dolores sexuales corren como venas en busca de otras venas. Para confundirse aturdidas en una ciénaga atascada.

Por el vicio, la mentira y la falsedad.

«Si un ápice de vida me anima con el soplo de Dios, mis labios no pronunciarán ni falsedad ni mentira.»

* * *

¡Cuánta depravación monocochina!

Me refugio pensando en Virginia. En sus pechos como cabritos mellizos apacentando entre azucenas.

Es tan hermosa que en ella no hay mancha.

Cuando Virginia vuelva

(yo ya curado)

podremos hablar y conversar como dos enamorados bajo la mirada de Dios. Hasta que apunte el día. Como si nos rodearan colinas de mirra y collados de incienso.

Me confesará su amor

y con recato

me dirá:

«Ahora que conoces mis sentimientos acepto la decisión que tomes y la espero anhelante.»

Porque ella sabe que en esto como en todo haré lo que más convenga a los dos

(quiero decir a los tres,

no olvido a Sofía),

¡a nuestras almas!, con la ayuda de Dios. *¡Long time coming!*

Y el día en que, al fin,

nos unamos para siempre

se volverá hacia sus amigas y les dirá en *Liberty Island*

desde lo alto de la *statue of Liberty*:

«Él me ha llevado a la bodega del vino y ha plantado su bandera sobre mí. Reconfórtame con tus pasteles de uvas... ¡que estoy enferma de amor!»

* * *

Lucifer lleva varios minutos ya
(¿pero cuántos?)
intentando meterle el puño
a ese pobre desgraciado. A esa larva monoce-
ronte.

La víctima, el «servidor», sufre y suda incapaz
de recibirlo en su ano a pesar de sus esfuerzos.

Es un orificio ¡tan reducido!

Se queja como una oveja en el matadero.

Lucifer acaba de introducir los dedos.

Pero no logra pasar los nudillos de su puño a
pesar de los embites repetidos.

La víctima jadeante sufre tanto que ha conseguido despertar la compasión de dos semisirenas
maric... nísimos:

Uno le besa caritativamente y el otro le riega
con una cerveza como para calmar su dolor.

¡Pero no le liberan los muy zánganos!

Lucifer, a medida que pasa la noche, multiplica
sus exigencias sádicas. Esta larga tortura que desen-
cadena con su puño es muy probable que la considere como su recompensa.

¡Tan ilusoria!

En realidad, cada vez su mente retorcida requiere mayor

degradación.

Degradación taxidérmica

que busca por doquier y que ¡la encuentra! como un mago que llegara a creerse que las cartas aparecen entre sus dedos.

Todos los hipoprostitutos rodean a la pareja como hipnotizados por el abismo de renunciamiento y dolor aceptados por la víctima.

Si entre ellos hubiera un solo hombre, ¡uno solo... masculino de pies a cabeza!, impediría que continuara el martirio. Y patearía el puño y el vientre de Lucifer.

El único que parece que no se interesa por este espectáculo tan atilesco es Abel.

Me dice con jarabe de señorita:

«Mi amor por usted me recuerda al de Eros y Psique.»

Qué cursis son estos invertidos.

¡Y los peores son los semicetáceos!

¡No pueden hablar como todo el mundo!

Continúa como si le hubieran dado cuerda:

«Eros visitaba a Psique todas las noches. Pero siempre en la oscuridad. Como yo vengo a verle a usted en las tinieblas de su accidente.»

¿Qué tendré yo que ver con estas fábulas de sodomitas para desfiles de moda? Lo que ellos llaman pomposamente «*the story of the season of vivid colour*»:

«Eros es, como yo, el amor perverso que se

avergüenza de sí mismo. Me asfixia la lujuria en que siempre viví.»

Por fin dice una cosa razonable.

«Una noche Psique encendió una antorcha. Y descubrió que Eros, su amante nocturno, no era un monstruo repugnante.»

¡Qué cuentos tan memos se inventan los homosexuales cuando están en celo!

«Pero usted, si saliera de las tinieblas de su accidente, vería que yo soy un ser abyecto.»

Eso ya lo he visto.

Y desde el primer día:

«Tienes la fealdad de aquel que cambia el pie derecho en licor y pisotea a la justicia. De aquel cuyas faltas son numerosas y sus pecados enormes.»

* * *

¡Qué alarido ha dado el pobre muchacho...
el «servidor»...
la «víctima»!
Se me ha puesto la carne de gallina.
Lucifer se ha salido con la suya. Ha conseguido meterle el puño por el ano.
¡Y levanta el otro en señal de victoria!
El viejo obeso de polilla le besa en la boca.
El alarido de la víctima ha concluido con un bramido que se podría interpretar como un lamento de dolorosísimo placer diluido en suspiro de alivio.

Espero que haya concluido su tortura.

En lo más ardiente del suplicio ha alcanzado de forma confusa... diría yo, si no fuera un sacrilegio, el éxtasis de los mártires durante el tormento.

Lucifer extrae su puño cubierto de excrementos y sangre.

Sería grotesco si no fuera insultante para todos.

Adora al rayo que ilumina un solo instante y destruye para siempre.

Pero parece furioso.

¿O finge estar rabioso?

Abofetea al «servidor» con saña. Como si se vengara. ¡Él!... de haberle empalado con su propio puño. Es el mundo al revés.

Cada vez está más furioso.

¿Le va a matar?

¿En presencia de los demás...?

¡con los brazos cruzados!

La víctima le mira... desde abajo. ¿Con compasión?: *Victim's eye view...*

Sí, ¡con compasión!

Su renuncia a sí mismo le da una especie de serenidad. Como si rompiera de forma irresistible con el mundo de la pornografía. Con el universo precisamente de su torturador. Sonríe beatíficamente.

¿Ha descubierto en lo más bajo de la humillación,

al verse taladrado en sus entrañas por un puño,

un camino desconocido?

¿que podría llevarle a la espiritualidad?

Los demás le contemplan con repugnancia. Incluso aquellos zoófitos que en lo más duro de la tortura le rociaron con cerveza para refrescarle.

Lucifer, maltratándole aún, intenta, en realidad, defenderse. Le exaspera el comportamiento de su «servidor»

... en el fondo quizá lo envidie.

¿Oye en sus adentros el salmo?:

«Cantad alegres a Dios habitantes de la Tierra. Porque el Señor es misericordioso para todos.»

*　*　*

Abel es un anormal...

es un cojijo de madriguera.

Y en un momento como éste no se le ocurre nada mejor que continuar su declaración de babosa del rosal... a la que me ha sometido toda la noche.

Y dale que te pego:

«La Mitología que aprendí durante la licenciatura la rememoro desde que le amo como un suceso de mi propia vida.»

Se están martirizando,

rajándose casi las entrañas con un puño

y él abstrayéndose de todo sólo piensa en sus bobadas de Jaimito en la cama.

No para de contarme ñoñerías de colegiala:

«No podré nunca más alejarme de usted. Tendría que taparme los oídos. Como los navegantes de la Odisea para escapar a la melodía de las sirenas.»

Como si yo fuera a reclamarle.

Si al fin yo pudiera hablar y moverme lo primero que haría sería alejarme de él. Definitivamente.

Y le diría a Virginia

(o a Sofía):

«Prendiste mi corazón, esposa mía, con una de tus miradas, con la finura de tu cuello y la indulgencia de tu corazón.»

Con qué mansedumbre y tranquilidad viviremos los dos

(o los tres)

cuando nos volvamos a ver.

Ellas saben lo que él ignora: que el alma es un castillo interior que Dios nos ha dado.

«Podremos medir la potencia de Dios y contar sus misericordias.»

* * *

Abel sigue murmurándome incoherencias ¡amorosas! al oído.

... «*from the chaotic coherence...*»!?:

«Lucifer rinde culto ¡pero frenético! al orgasmo. Yo no soy así. Para mí lo primero es el amor... por usted. Para él la eyaculación es como la luz original.»

Y a mí ¿qué?

«Yo soy más femenino que Lucifer.»

¿Cómo medirán su falta de virilidad esos invertidos de granja y bañadero?

«Yo le amo a usted. En realidad la pasión de Lucifer la desconozco. Es un apetito de hombre, de macho. Anhela cometer el crimen absoluto.»

Está claro. No hace falta que me lo diga.

«Pero un crimen así sólo existe en su imaginación, o, mejor dicho, en su sexo.»

Pero terminará por cometerlo.

Y caerá del cielo el ángel insurrecto con la llave del abismo en la mano.

«Se acabó la orgía de los libinidosos. Recostados en camas de marfil, se frotaban con aceites exquisitos y berreaban acompañados por arpas. Serán castigados horrorosamente. Y si sólo quedaran diez hombres en una casa todos perecerían.»

*　*　*

Todos se han ido.

¡Por fin! Menos mal.

Qué limpio lo han dejado todo. Les imagino lavando el suelo y manejando el aspirador (mientras yo dormía) como mujeres de la limpieza.

Espero que vuelva hoy Virginia
(y Sofía).

¡Cómo la necesito! Después de oír tantos desatinos de Abel y de asistir al espectáculo de tanta blasfemia de azufre.

¿Cómo no se dan cuenta estos impíos que sólo el alma puede procurar delicias sin fin, porque sólo en ella se halla la eterna morada? El cuerpo se consume cuando llega la muerte. Sólo perece lo corruptible. Y ¿qué mayor corrupción que la de esta noche de salvajes de sangre?

La descomposición y el envilecimiento son los signos del mal. Bienaventurados los que huyen de él para dar testimonio del Señor.

La hora del Juicio se acerca.

«Y el Sol se pondrá en pleno día. Y sólo se conocerá la amargura.»

* * *

¿Qué ha pasado?

¡Qué sueño acabo de tener!

Pero ¿fue sueño o realidad?

Virginia, más caritativa que nunca, desnuda sobre mí, me cuidó ¡con tanta compasión!

¿O lo soñé?

Estuve en pleno arrebato instintivo, casi animal, cuando... cuando... ahora lo recuerdo perfectamente... dicté el programa informático del Departamento de Investigación.

Sí... Virginia me pidió que se lo revelara.

¿Y por qué no?

¡Es tan juguetona, como una niña candorosa!

Pero ¿estaba yo despierto?

¿Las inyecciones, *the consuming passions* y las drogas me amodorraron?

Le recité a Virginia...

¿en sueños?

la composición de las fórmulas y los códigos secretos de entrada al ordenador.

La verdad es que estaba como inconsciente, como fuera de mí.

Y, sin embargo, fui capaz de recordar con precisión todos los CD-Rom que he programado experimentalmente.

Se lo conté todo a Virginia,

hasta lo más prohibido por el Departamento. Con mil detalles.

Como nos vamos a casar...

entre esposos no caben secretos.

Mi amada es mía y yo suya.

¡Oh, Virginia!

Me parece sentir sus «mejillas perfumadas de jacinto» como si me dijera:

«Me senté a la sombra de tu cuerpo ¡y qué dulce fue tu fruto para mi paladar!»

* * *

Oigo la puerta.

¿Son ellas?

¡Seguro!

Qué alegría.

Mi alma se yergue, feliz.

Virginia, te quiero, nos vamos a casar.

«Pierdo el sentido, novia mía, por una de tus miradas, por una perla de tu collar.»

Pero...

...

¡No son ellas!

...

Se acerca Lucifer con Abel.

Abel está atado y amordazado.

Lucifer le sienta en una silla junto a mí. Le inmoviliza piernas y brazos con cuerdas anudadas a los barrotes. Y le dice:

«*¡The glamour nights!* ¡Así que te has enamorado de esa «legumbre»!

Se refiere a mí. No me gusta que nadie me trate de «legumbre».

Soy un ser humano.

«Puedes responderme. Lo tienes fácil aunque la mordaza te impide hablar. No te he atado la cabeza. Te la he dejado libre. Puedes asentir o negar con ella.»

Abel asiente con la cabeza.

Lucifer continúa, furioso:

«Te has enamorado como una salamandra o una colegiala. ¿No es eso? ¡Platónicamente!... Responde, tía cursi.»

Abel lo confirma con un gesto.

«¡Qué bien!... Chalado por un reaccionario religioso, recto y moral... Y te has olvidado que eres mío. Soy yo, Lucifer, el amor de tu vida.»

Pero ¿qué pasa aquí?

No entiendo lo que insinúa Lucifer.

«Me apetece que sepas una cosa, Abel. Yo *no* soy celoso ni mucho menos... porque estoy seguro de ti. Confiésalo, canalla.»

Le ha gritado esta frase, descompuesto. Está rabioso. De verdad.

Abel asiente de nuevo.

«Yo no soy celoso, te lo repito y te lo repetiré mil veces. Y te doy permiso para que te folle cualquier rocho de camahueto. ¿Me oyes? ¡No me hagas gritar, pingo!»

Amordazado, Abel le mira, aterrorizado.

«Pero esta vez me has traicionado. Ponerme los cuernos es una cosa... pero traicionarme es... Te voy a partir el alma.»

Abel cierra los ojos.

«Abre los ojos, puta, tritona. Mírame y óyeme a mí. Soy Lucifer. A pesar de tu traición no voy a vengarme como podría hacerlo. Y puedes imaginarte las ganas que tengo de romperte la crisma.»

Le ha dado dos puñetazos y un par de patadas.

«No voy a pedirte cuentas a ti, *Miss Toni & Gay*. Sino a tu enamorado. A esta "legumbre" podrida con la que me has engañado.»

¿Por qué me insulta a mí?

¿Y con tanta violencia contenida?

Se ve que está furioso.

Y por mi causa.

¿Qué culpa tengo yo?

Me niego a oírle.

No me interesa nada esta reyerta de enamorados.

Rezo por ellos dos, tanto por Abel como por Lucifer.

«Tu gracia, Señor, sea con ellos...

Perdónales, Dios mío, no saben lo que hacen.

El agua apaga las llamas como el perdón redime los pecados.»

* * *

Abel sufre, desconsolado.

Lucifer le sigue apostrofando, cada vez más amenazador:

«Eres un chupapollas traidor pero a pesar de ello te quiero tener informado de todo lo que sé sobre tu novio-"legumbre". ¿Te interesa?»

Esta vez Abel no mueve la cabeza.

Lucifer le da una patada.

Abel cede y confirma con la cabeza.

«Escucha bien, arpía. Durante tu ausencia vinieron Virginia y Sofía. Hace cinco horas. Drogaron a tu "legumbre" con un nuevo petardo a base de heroína. Mucho más eficaz que los otros. No han tenido ni que follárselo. Por fin tu enamorado ha recordado sus trabajos, sus programas e incluso sus confidencialísimos CD-Rom. Les ha contado todo lo que les interesaba sobre el Departamento de Investigación. Lo "top secret". Las dos "enloquecedoras" enfermeras ya tienen los códigos de entrada secretos. Ya no volveremos a verlas nunca más. Ya no necesitan excitar al paralítico.»

¿Por qué miente Lucifer de semejante manera?

¿Por qué razón inventa que Virginia, mi futura esposa, va a irse

(con Sofía)

definitivamente?

Qué seres tan horrorosos, tanto Lucifer como Abel. Todo lo basan en el embuste. No aceptaré nunca este lenguaje también invertido: la distorsión de la verdad. No me rendiré nunca a la mentira. Ni siquiera me dejo perturbar por ella.

Las falsedades, colocadas unas detrás de otras, forman el decorado de esta sociedad. Con su angustia muda. Su ¡*Y2K insanity!*

«La mentira es una grosería repetida por imbéciles. De la boca del mentiroso no se acepta ni un proverbio, ya que nada dice a derechas.»

No conseguirán mancillar a Virginia (ni a Sofía)

«pura como un jardín cerrado con una fuente sellada».

«El chorro de tu surtidor forma un vergel de granados de las más raras esencias.»

*   *   *

«¿Me estás oyendo... Abel?»

Asiente Abel con la cabeza.

Y Lucifer continúa:

«Tu idolatrada "legumbre" no está tan pocha como imaginas. Su aparato sensitivo sigue funcionando.»

¿Cómo se ha dado cuenta?

«Las dos chicas me lo han contado todo. Tu novio-"legumbre" es capaz de empalmarse, y de eyacular, y de tener varios orgasmos de órdago, y de follarse a las dos agentes... ¡Y tú que creías haberte enamorado de un puro espíritu! Las células de su cuerpo, de su lengua, de su boca reaccionan... abrasadoramente. Me estás traicionando con una pila atómica sexual. ¡Hijo de puta!»

Lo que sí es cierto es que el diablo me tienta. En mi cuerpo entero.

«Es virgen, ¿verdad?... Como crees tú.»

Nadie se atrevería a decir de mí lo contrario.

«¡Era virgen!... Virginia y Sofía me han contado cómo le han descapsulado el minarete, cómo le han hecho saltar el capullo... para que hablara de su ordenador. Perdió su tesoro de sebo con ellas.»

¡Es falso! Es una calumnia a la pureza de ellas dos. Otra mentira más.

La verdad es la raíz de mi espiritualidad. Nutre mi vida y me permite proyectarme hacia la virtud. Cómo me repugna esta falsificación.

La esperanza es como la espuma de dos olas que se entrechocan.

«Mira, Abel, me voy a... preparar... a tu novio... para mí solito. Me lo voy a poner a tono, para follármelo. Te va a gustar verme con él. Me lo vas a agradecer.»

No he comprendido el sentido de su frase... tan oscura.

¿Se va a encargar de mis cuidados Lucifer?

¿Va a ser mi nuevo enfermero?

La verdad: lo prefiero a Abel.

¿Por qué me pone una inyección?

Estoy como atontado.

...

¿Me va a hacer dormir?

...

Me desmayo.

* * *

Lucifer me ha tumbado en una inmensa cama para «*bizarre love triangle*».

Explora mi cuerpo.

Me palpa.

Me frota.

Se diría que trata de colocarme en la postura más conveniente para su minuciosidad médica.

Está decidido a curarme. Lo he comprendido desde el primer momento.

Y con mucha mayor energía que Abel.

Lucifer es un escandaloso... nadie lo pone en duda. Pero...

no tanto como lo imaginaba.

La verdad es que desde que se fueron Virginia y Sofía no me había sentido tan reconfortado por las medicinas... como en este momento.

Sabe administrarlas como pocos.

Atado a la silla, Abel me mira, exorbitado. Como si quisiera pedir ayuda o empotrarse en la pared.

Lucifer frota sus labios contra los míos.

¡Cómo devuelve la vida a mi boca entumecida!

Virginia también lo hacía, pero de otra manera.

La barba de Lucifer me pica dulcemente... en las mejillas.

¡Qué sensación tan intensa!

Al mismo tiempo toma mis manos entre las suyas. Tan acogedoras y tan dominadoras. Me siento bien dentro de ellas, como protegido. Mete sus dedos entre los míos. Los presiona. ¡Qué desconocido dolor tan eficaz contra mis dolencias!

Lo juzgué y lo condené... como si fuera un canalla. Pero el Señor advierte :

«si condenas serás condenado».

¡No es un canalla! Es un ser... especial que sufre. Creo que en realidad ni siquiera es ningún *gay* como dicen ahora.

Debo reconocerlo: está velando por mí infinitamente mejor que Abel. Él sí que es un monstruo y un *gay* nato.

Si pudiera... abriría la boca.

Me gustaría ver el efecto calmante que produce la lengua de Lucifer en mi boca.

Es prodigioso: hace lo que tanto ansiaba, como si hubiera leído mi pensamiento.

¡Qué poderes tiene!

Parecen casi sobrenaturales.

Con qué decisión y... frescura me ha metido su lengua dentro de mi boca.

Con nuestras lenguas enlazadas siento una especie de calor acuático. Lo interpreto como el anuncio de otra etapa en mi parálisis.

Lucifer despide un aroma viril. ¿Como *Bebé Rebozo, Richard Nixon o Eldridge Cleaver...* según dicen? Me conviene totalmente.

Cuando Virginia, como él, limpiaba las partículas adulteradas de mi boca también con su lengua... no tenía ella... este vigor. Ni despedía esta fragancia viril tan penetrante.

Hurga con su lengua en torno a la mía.

Me ha cogido la nariz con dos dedos.

¿Por qué?

No quiero ni preguntármelo.

Será por mi bien.

Me impide respirar por la nariz.

Ya sólo puedo hacerlo por la boca.

Al mismo tiempo, con su otra mano, brutalmente apoyada sobre los labios, me amordaza.

No puedo ni inspirar ni expirar.

Ni por la nariz, ni por la boca.

Me voy a morir.

...

Estoy a punto de asfixiarme.

...

Me libera.

Vuelvo a nacer.

¡Qué emoción tan irreal!

¡Tan inmensa!

Y tan fabulosa.

Es el masaje salutífero más eficaz que he recibido desde...

¡desde siempre!

Lucifer no es un demonio como pensé.

El Señor le ha dado el arte de curar.

Todo mi ser se ha turbado y encendido.

...

De nuevo me impide respirar.

Siento llegar la muerte.

Me voy.

...

Me libera de nuevo.

Soy un juguete entre sus manos expertas.

¡Qué bien me siento así!

Ahora comprendo: impone un ritmo a mi respiración. Para controlarme completamente. ¡Qué don de sí!

Detiene otra vez mi respiración

Otra vez siento que me voy a morir

...

Precipita mi ahogo.

Corta de nuevo mi respiración.

...

No puedo razonar...

ni casi pensar.

Mi cuerpo se inflama.

Me estoy ahogando.

...

Agonizo.

* * *

He perdido el sentido.

¿Durante cuánto tiempo?

Y pensar que antes creía que Lucifer era un disoluto. Quizás lo sea con miserables y bicharracos envilecidos, como esos esclavos de abrevadero que pasaron la noche en pleno desenfreno ruin.

Conmigo se ha regenerado.

Con qué vigilancia y primor intenta despabilar mis músculos.

Mis pulmones, con este ritmo trepidante de muerte-vida, los siento lozanos. Como nunca. Mientras que la sangre riega mi cuerpo con un ardor desconocido.

Abel, amarrado a su silla, me mira, como hipnotizado. Dios sabe lo que estará imaginando su mente calenturienta. Pensará quizá (¡es muy capaz!) que su amigo me está domando ¡o violentando! Cuando todo lo hace por mi bien.

Lucifer mete su barbilla en mi boca.

Su barba, sin afeitar, debería causarme asco pero, por el contrario, si pudiera mover mi lengua la lamería. *«He's a human volcano.»*

Una destreza infinita adorna todos sus gestos. Ni siquiera Virginia

(o Sofía)

podrían alcanzarla.

Los labios de Lucifer...

sobre los míos...

«son más deliciosos que el vino... y el aroma de su propio perfume es más exquisito que los árboles de incienso».

Hacía años que no sentía tal sofocación. Tan varonil.

Me doy cuenta de lo que me he perdido durante semanas.

Incluso con ellas.

Si Abel le hubiera dejado curarme desde el primer momento

con tanto desparpajo,

ya estaría sano y podría andar.

Lucifer se sienta sobre mi bajo vientre.

¡Qué peso tan agradable!

Me abofetea.

Con razón.

Así mi sangre atrofiada por la parálisis comienza a circular normalmente.

Me escupe.

¡Qué eficiente se revela este tratamiento tan inesperado!

Pero está enfadadísimo.

Me insulta.

Me lo merezco.

Había opinado tan rastreramente sobre él.

¡Que Dios me perdone!

Cómo me gustaría decirle mi... total admiración por su manera de hacer. Y también por su personalidad tan original.

Ahora comprendo por qué me escupe e insulta. Mi miembro viril lo está... molestando. Le está rozando casi como si se lo clavara por detrás.

Pero la culpa no es mía.

Está sentado sobre mí.

Y yo no tengo el poder de dominar mi cuerpo en esta región. Mi órgano masculino se yergue solo para mi vergüenza.

Quisiera poder disculparme:

«Lucifer, estoy sometido a su voluntad y a su energía tan poderosa...

¡y sin restricción ninguna!

Sé muy bien que usted todo lo hace por caridad. Pongo a su servicio mis apetitos más puros y toda mi espiritualidad. Quisiera ser para usted como la yegua uncida al carro del Faraón.»

Con este dolor tan dulce que me aplica sin debilidades el espacio se abre y deliro en un instante cerrado.

Si ahora aparecieran Virginia

o Sofía

es muy probable que ni las viera ni las oyera. Lucifer

¡bendito sea!

me obliga a doblegar mi cuerpo para sanarme. «*He has an extraordinary temper.*»

Me está domando como a una fiera salvaje. ¡Cuánto lo necesitaba mi rebeldía intrínseca!

Transforma mi sustancia. La disciplina. Ya sólo respiro cuando él lo desea. Soy como la potra cerril que termina por ser domada. Y así, por su bien, cualquier vándalo puede montarla.

Abel me mira con sus ojos de besugo descompuesto.

Lucifer, por el contrario, me contempla con la fiereza tranquila del rey de la jungla. Y hasta con una furia colmada de ternura. Prefiero despertar estos sentimientos en él, incluso si conllevan alguna violencia, a la blandura afeminada de Abel.

Me sofoca la tentación cuando debería ahogarme el remordimiento.

Lucifer me pone otra inyección.

Estoy perdiendo el conocimiento.

«Antes de que la brisa sople y de que desaparezcan las tinieblas, vuelve, ciervo mío.»

Me desmayo.

*   *   *

Lucifer me muerde en el cuello.
Me despierto como drogado.
Un torrente de sangre y sufrimiento se desata en torno al mordisco. Es un dolor muy fuerte pero ¡tan necesario para mi curación!
Por ello lo acompaña un sentimiento difuso de placer chisporreante.
El prestigio del sacrificio hace de Lucifer un ser intemporal. Mi salvación se ofrece como una victoria en el laberinto de la carne.
Lucifer, contrariamente a lo que imaginé, menosprecia todo lo que no es la belleza del espíritu. *«And this comes from someone who likes him.»*
Está desnudo
Sí... porque para él la belleza del calzado o del vestido o de los adornos del cuerpo son despreciables cuando se la relaciona con la belleza de la discreción y de la caridad. Él sabe que estas virtudes van encaminadas a la glorificación de Dios porque en Él tienen su origen.

Me acaba de morder en el omoplato.

Lo ha hecho con tanta generosidad que estoy seguro de que me ha dejado una cicatriz.

¡Cómo me gustaría poderla mirar en un espejo!

Es un testimonio suyo...

me pertenecerá sólo a mí.

Si pudiera moverme, le besaría esos dientes con los que me somete a esta dócil fogosidad de pantera.

¡Tan necesaria para mi salud!

Siento espasmos dentro de mis entrañas cada vez que me muerde.

Su serena severidad me socorre.

Otro enfermero

—como por ejemplo este cangrejo mariquita de Abel—

no tendría su viveza médica.

Rezo.

«Bendito seas, Señor, Tú que renuevas mi juventud como la del águila.»

* * *

Lucifer se ha tumbado sobre mí.

Siento su peso.

El olor de su sudor es una oleada penetrante y sin fin.

¡Qué bien huele!

Es tan diferente el aroma que despide su vehemencia de varón al de las hermanas. Ya casi las he olvidado.

Me sigue mordiendo.

¡Qué daño tan rico!

Es el electrochoque emocional que requieren mis miembros de gacela atrofiados por la enfermedad.

La puerta de la libertad, de la curación y de la acumulación de sus reliquias

¿se abren hacia la quimera?

Lucifer me muerde el pezón izquierdo.

Al mismo tiempo sus dedos, como tenazas,

como garras de dragón

los clava en mis nalgas.

Me voy a desvanecer.

Es un dolor tan extraño... tan sutil... tan delicioso... y tan necesario...

Estoy sobrecogido.

Un hombre de bien no busca los placeres materiales como los de beber, fumar, drogarse, comer o fornicar. Sino los espirituales. Como los que instaura espontáneamente su bondad. Es el más hermoso cancerbero.

Lucifer «*does not look back*».

Recito una jaculatoria para que el Señor le proteja y ampare.

«Oh Señor, vestido de gloria, despliega para Lucifer el cielo como si fuera una tienda en el desierto...»

* * *

Lucifer se ha sentado, como un cachorro de jaguar, sobre la parte alta de mi pecho.

Casi sobre mi cuello.

Qué bien me encuentro así.

Si no estuviera paralizado me gustaría llevarle, a burro... Ser su mula.

Su mula disciplinada.

Me mira desde lo alto.

Por caridad y por modestia.

Como si yo pudiera interesarle.

Qué fuertemente huele su entrepierna ¡Qué agradable aroma de pelaje y hocico de fiera del Jardín de las Delicias!

Es mi nardo curativo.

Se aproxima aún más a mi boca. Mi nariz está debajo de los pelos de su bajo vientre.

¡Qué posición tan reconstituyente para todos mis entumecimientos!

Y tan inesperada.

Lucifer me conduce, como soberano de oseznos, de sorpresa en sorpresa.

Tiene el don y la maestría del hombre del fortín.

Yo creía que el olfato no podía conducir a la verdad. Y, sin embargo, ahora, gracias a la novedad de mis sensaciones olfativas, me parece que renazco espiritualmente a otra forma superior de certidumbre. Como si el fin y el fundamento de todas las virtudes no sólo fuera Dios sino también el hombre

(¡Lucifer sobre todo!)

independientemente de todo lo criado.

Con qué caridad me trata a pesar de su salvajismo aparente.

Siento el peso de su vientre sobre mi cara como la presencia de la divina potestad.

«Gracias Señor, yo sólo soy tu más humilde criatura. No merezco tanta dádiva.»

Estoy casi asfixiado por los muslos de Lucifer. Pero este ahogo

¡qué gusto me da!

Ojalá no cese nunca, y se prolongue para siempre.

Es infinitamente indulgente conmigo. Como nunca nadie lo había sido.

Mucho más que

Virginia y Sofía.

Sin comparación posible.

E incluso más aún que mi propia...

madre.

El clavo de la parte más baja de su vientre, de su entrepierna, se ha dilatado,

y alzado,

y empinado.

Él solo.

Junto a mi boca y a mis ojos.

Pobre Lucifer, le he descerrajado. Le he puesto los nervios de punta.

Y no sólo los nervios.

Sino también su órgano indisciplinado de hermosísimo fauno.

Quisiera aliviarle con toda mi alma.

¡Cómo me gustaría que dictara sus órdenes a mis instintos para despertar a mi existencia!

¡Que me dijera *boy, I wish I'd done that...* «*you do it*»!

Trata de introducir su miembro viril

¡tan acrecentado y duro!

por mi nariz.

¡Con qué rudeza!

Es como un niño superdotado y como un sabio anciano.

¡Me hace tanto daño!

Es un dolor capital para mi salud. Quisiera que los orificios de mi nariz se ensancharan para acogerlo dentro.

¿Por qué le frustro?

¿Quién soy yo para negarle nada?

Mi alma razona mejor iluminada por el sufrimiento.

Ahora quiere meterme su órgano masculino en el orificio de mi oreja derecha.

Me abofetea.

Tiene toda la razón.

Mis zafios instintos se rebelan y no aceptan esta pócima curativa.

Nunca había visto la magnificencia y el esplendor con mis propios ojos. Ahora sí los veo.

Me vuelve a abofetear

y a escupir.

Está tan irrascible por culpa mía.

Cómo lo comprendo.

Ni mi nariz ni mi oreja han conseguido obedecer lo que, con estilo de hipocentauro, exige para mi bien.

No le dejo reconstituirme.

No sé mandar a mis células para ponerlas a su servicio.

¡Pobre de mí!

Frota con la punta de su órgano (de hombría de bien) contra mis ojos.

¡Y está húmedo!

Qué mimo tan viril siento a través de sus empellones.

¿Por qué la órbita de mi ojo no puede acogerle tampoco?

Mi córnea y mi pupila no saben ayudarle en sus tentativas repetidas.

Cómo apruebo su pólvora.

Gracias a su genio Lucifer me enseña la esencia espiritual del firmamento, del universo, de este *loft*... Lo que son por sí mismas.

«Por los siglos de los siglos, Señor, recibamos tu gloria y los justos cantarán a Dios mientras vivan.»

* * *

Sus testículos...

se han introducido en mi boca.

Cómo temo lastimarlos. Gracias a Lucifer conozco al fin la pureza de la piel masculina. *In new wave of ¡lux...!*

Pero yo... ya no soy yo. Sólo soy la emanación de su bondad y su caridad.

Lucifer anuncia el tiempo de la luz, del celo, de la acción y de la plenitud que engendra la cadencia de la armonía.

Mete dentro de mi boca

la pica genital

que Dios le ha dado.

Pero los testículos han quedado fuera.

¿Por qué no nací con una boca capaz de recibirlo todo? ¡Pica y bolsas!

No soy suficientemente generoso con él.

Su musculosa verga ocupa toda mi boca. Empuja con fuerza en mis amígdalas.

¡Qué ilusión!

Gracias a su compasión y a su preocupación tan ardientemente espiritual por mí me siento por vez primera en mi vida

un hombre

auténtico.

Brutalmente... y deliciosamente... ataca... ¿hacia mi tráquea?... con su méntula priápica en un vaivén continuo.

Permite sin darle asco

(¡qué infinita benevolencia!)
que mi saliva le rocíe.

Tengo la impresión de que va a atravesar las amígdalas y llegar más abajo. ¡¿A mi corazón?!

Mi garganta le acoge con un hechizo que nunca había experimentado. Quisiera ser la gruta de su alivio.

¡Me estoy curando!

Emerjo de mi parálisis gracias a él.

Mi cuerpo me tenía esclavizado. Gracias a él me libero.

Continúa el traqueteo de su falo en mi boca.

«Ven ¡oh! amado mío, como el gamo de las montañas aromáticas.»

*   *   *

Lucifer me muerde de nuevo

Cuando creía que sólo existía su pistolón pajarero, que va y viene en mi boca, siento sus dientes y su propia boca sobre mi bajo vientre.

Me vuelve a morder con delicioso arrebato.

Ahora en mi pilila prepucial.

Todo mi cuerpo hierve.

Me lleva a la sabiduría.

Las viles pasiones conducen al abismo. Provocan las guerras y las agresiones. La probidad de Lucifer me guía hacia la revelación transcendente.

Conozco, al fin, el prodigioso instante «de la primera vez». ¡*Paradise found!*

Mi razón de ser es mi idea del deber: es decir, de aliviarle, como él me está sanando.

La norma moral del auténtico don de sí me la graba en el corazón por encima de todos las leyes y preceptos.

De la misma manera que él ha introducido
su aparato con el glande en mi boca,
hace penetrar el mío en la suya.

Los dos juntos estamos haciendo el mismo gesto.

¡Celebramos juntos la grandeza de Dios!

... con la misma mecedura.

Uno arriba y el otro abajo.

Es el tiempo del descubrimiento como una rodaja de eternidad.

A causa de mi parálisis sólo puedo recibir el movimiento pero no puedo imprimirlo. Lucifer marca el ritmo de mi bonanza. Con qué precisión, encanto ¡y llamarada!

En el fondo de mi alma, gracias a estos frotes, aparece un resplandor tan luminoso que todo mi cuerpo tiembla convulsivamente.

Quisiera que Lucifer conociera en todos los cachitos de su cuerpo el mismo sentimiento que él hace brotar en el mío. Si yo pudiera darle algo parecido, ¡qué feliz sería!

Le amo.

Le amo porque admiro su abnegación. Toda esa armonía suya que a mí tanto me falta.

No puedo resistir más.

Mi boca arde al ritmo de la fascinación de su surco en erección triunfante. Pero aún más me quema el mío dentro de su propia boca.

Mis emociones son tan fuertes que no voy a poder controlarme.

Voy a mancharle,

a mancillarle.

¡La boca!

A él que merecería todos mis sacrificios.

Qué asco me doy.

Yo, que quisiera ser tan obediente y servicial con él como la doncella o esclava más sumisa.

Yo, que quisiera que me domara para aprender todos los gestos traslúcidos que pudieran apetecerle.

¿Qué sucede?

...

Me ha llenado la boca.

¡Me ha eyaculado!

...

Me estoy casi ahogando con el chorro caliente y espeso que ha brotado sorprendentemente de su uretra sobre mi paladar y mi lengua.

Estoy tan emocionado de recibir algo tan suyo.

Se ha desencadenado tal frenesí en mi cabeza que no puedo controlarme.

Trago gota a gota.

¡Sin ayuda de nadie!

Por vez primera, tras el accidente.

Y siento escalofríos.

...

Pero yo mismo no puedo dominar mi pera masculina.

...

Se me ha ido todo como en una polución nocturna.

...

¡Y en su boca!

Qué cruel soy con él.

Qué horror

Mi animalidad incontrolable ¡y mi semen!

se han erigido en principio de vida... como *skin secret*.

«Perdóname Señor... porque no sé lo que hago. Te pido misericordia con danzas y tambores.»

*   *   *

¿He dormido?

¿Me ha despertado este calambrazo en las nalgas?

¿Qué pasa?

Otro calambrazo.

Qué punzada tan intensa.

Es él... ¡Lucifer!

Me azota con su correa.

Me castiga.

Y con razón.

Gracias Señor, Dios. Merezco esta punición pero... ¡que no se marche!

Me están bien empleados sus zurriagazos por haberle mancillado la boca con mi poso de mal, con mi viscoso semen.

¿Por qué le he causado tal padecimiento? Descontrolado, me he comportado como una esfinge lasciva.

Mi instinto me ha arrastrado como un huracán de ceniza.

Me he dejado llevar por el vicio de dracena que llevo encerrado en mí mismo.

«Pégame aún más duramente Lucifer. Cúbreme de cicatrices, de cardenales. Lo merezco.»

¿Quién ha sembrado en mí tantos gérmenes viles y tan desgarradores?

¿De nada me sirve estar junto a un ser como Lucifer que con tanto engastamiento misericordioso me enseña el cacumen piadoso?

Abel, inmovilizado en su silla, me contempla, horrorizado.

¡Es tan vicioso!

Menos mal que Lucifer le ha amordazado; si no, estaría repitiéndome sus cursiladas de anfesibena. Me diría, por ejemplo:

«Mi cuerpo no vale más que una sartén en una despensa de cocina.»

Todo lo que Lucifer obliga a realizar a cada una

de mis células me parece tan justo y tan moral que si él quisiera podría

defecar sobre mí.

¡En mi boca!

Y, sin embargo, aunque por el entendimiento me someto a la ley moral, la carne y la tentación me conducen al pecado.

En vez de aceptar el castigo de sus zurriagazos con propósito de enmienda, me vienen a la mente tentaciones lúbricas y puntiagudas. De aquello que sólo debería ser humillación y vejación para regenerarme moralmente, el diablo extrae fuentes libidinosas de satisfacción animal... de *road trip*.

Lucifer me pega otra vez.

¡Que arranque el demonio que llevo muy dentro!

Señor, ayúdale a segar las malas yerbas que pervierten a mi corazón:

«Oh, Dios Todopoderoso, así en la Tierra como en el Cielo, sublime en su nombre y en su majestad... ¡Aleluya!...»

✳ ✳ ✳

Lucifer me abraza.
Por detrás.
Intenta entrar dentro de mí.
Trata de penetrarme
por el ano

con su órgano de macho. Como si fuera un supositorio de rígido músculo.

Empuja con toda sus fuerzas.

Dios mío

¡hágase tu voluntad!

«Que entre en mi jardín y me rocíe con su mirra y de su miel.»

Abel me mira con los ojos empañados

Se cree olvidado en el dolor; el dolor olvidado en el universo; y el universo olvidado en la nada.

Lucifer sigue forzándome con el máximo de potencia... pero sin éxito.

¿Por qué la naturaleza me ha hecho tan estrecho por ese lado?

¿Me va a hacer sangrar?

Cómo quisiera darle mi sangre y todas y cada una de mis penas.

«Ven, amado mío, ven con tu tallo de mármol cubierto de zafiros. Entra en mi vergel y prueba los frutos deliciosos.»

Mi trasero me traiciona. Intenta eludir lo que mi alma tanto desea y mi curación exige: que irrumpa en mí, que me penetre por el agujero de mis posaderas con su bálano genital enhiesto.

El dolor es tan fuerte que se alza como una barrera creada por Satanás.

Sólo soy podredumbre a mis propios ojos. Ahora que tanto quisiera complacer a Lucifer.

A Abel, agarrotado en la silla, se le ha saltado una lágrima como si fuera una aspirante a *diva just arrived to L.A.*

Otra vez Lucifer intenta penetrarme; pero estoy tan cerrado.

¿Me ha desgarrado por detrás?

...

Qué dolor tan agudo... y tan bonito.

...

Ha irrumpido en mí.

...

¡Por fin!

«Mi bien amado ha atravesado el agujerito y mis entrañas han temblado.»

Me siento renacer.

«Dios me ha hecho carne de su carne.»

Mi corazón enfebrecido,

mi abertura detrás

y su músculo varonil

palpitan,

descontrolados.

Ya no distingo la claridad de las tinieblas, ni el dolor del alivio.

Con razón la vértebra más cercana a mi ano se llama *sacrum*. Lucifer me ha sacralizado al atravesarla.

Estoy enamorado de Lucifer

y de Dios.

Entre el vacío y el infinito.

Siento dentro de mi carne su carne. Empuja hacia lo más alto.

Me siento como un niño.

Abel llora a lágrima viva.

Lucifer ríe.

A carcajadas.

Soy su criatura,
bienaventurada,
recién nacida...
«parida con dolor».
...
«Y... en el principio... Dios penetró las tinieblas con la luz.»

Impreso en el mes de marzo de 2000
en Talleres LIBERDÚPLEX, S. L.
Constitución, 19
08014 Barcelona